OEUVRES

DE

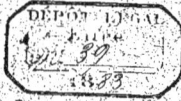

MOLIERE

ILLUSTRATIONS

PAR

JACQUES LEMAN

L'ESTOURDY

PARIS

CHEZ J. LEMONNYER, LIBRAIRE-EDITEUR

53 BIS QUAI DES GRANDS AUGUSTINS

M.DCCC.LXXXII

AVIS AUX SOUSCRIPTEURS

Ces cartons sont destinés à remplacer, dans les volumes parus du MOLIÈRE : *l'Estourdy et le* Dépit amoureux, *les pages correspondantes dans lesquelles se sont glissées des erreurs typographiques.*

OEUVRES

DE

J.-B. P. DE MOLIERE

I

L'ESTOURDY

JUSTIFICATION DU TIRAGE

Il a été fait pour les Amateurs un tirage spécial sur papiers de luxe,
à 1,000 exemplaires, numérotés à la presse.

			NUMÉROS
125	exemplaires sur papier	du Japon.	1 à 125
75	—	sur papier de Chine.	126 à 200
200	—	sur papier Vélin à la cuve.	201 à 400
600	—	sur papier Vergé de Hollande.	401 à 1000

MOLIÈRE

Imp. Callonnel et Cie.

M.DC.XXII

MOLIERE

M.DC.LXXIII

ILLUSTRATIONS
par
Jacques Leman

OEUVRES
DE

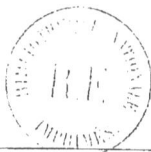

MOLIERE

ILLUSTRATIONS

PAR

JACQUES LEMAN

NOTICES

PAR

ANATOLE DE MONTAIGLON

PARIS

CHEZ J. LEMONNYER, LIBRAIRE-EDITEUR

53 BIS QUAI DES GRANDS AUGUSTINS

M.DCCC.LXXXII

L'ESTOURDY

.

L'ESTOURDY

OU

LES CONTRE-TEMPS

COMEDIE

REPRESENTEE

SUR LE THEATRE DU PALAIS ROYAL

PAR

J.B.P. MOLIERE

A PARIS

CHEZ GABRIEL QUINET, AU PALAIS

DANS LA GALERIE DES PRISONNIERS

A L'ANGE GABRIEL

M.DC.LXIII.
AVEC PRIVILEGE DU ROY.

NOTICE DE L'ESTOURDY

'INAVVERTITO, c'est-à-dire le malavisé, le malencontreux, joué en Italie et, en France, devant Louis XIII
par son auteur, le Comédien Nicolo Barbieri, dit Beltrame,
qui l'imprima à Turin en 1629 et à Venise en 1630, est
la source commune de la première Pièce de Quinault,
l'Amant indiscret, ou le Maistre estourdy, jouée à Paris à
l'Hôtel de Bourgogne en 1654, et de la première Pièce
de Molière, jouée à Lyon au mois de janvier 1653. Tous deux ont modifié
à leur façon *l'Inavvertito*, mais les changements de Molière, qui avait trente
et un ans — Quinault, né en 1635, n'en avait pas encor vingt — sont
déjà d'un maître.

De même que la Comédie Latine fondait souvent deux Pièces Grecques
en une seule, Molière ne s'en est pas tenu à Beltrame. C'est une Pièce
plus ancienne, *l'Emilia* de Luigi Grotto, l'aveugle d'Hadria, imprimée
à Venise en 1579 et traduite à Paris en 1609, qui lui a donné le déguisement de Lélie en Arménien, et, dans ce même épisode, le couplet, où
Mascarille reproche à son Maître ses distractions amoureuses à la table
de Trufaldin, est presque traduit d'un passage de *l'Angélique* d'un autre
Comédien, le Napolitain Fabrice de Fournaris, imprimée, avec une dédicace
au Duc de Joyeuse, à Paris chez l'Angelier, d'abord en Italien en 1585,
puis en Français, en 1599, par le Sr L. C., peut-être *le Sieur Larivey, Cham-
penois*. Malgré tous ces emprunts, la première Pièce de Molière a déjà sa
marque. L'imitation n'y est pas à l'état de faiblesse, mais de force et
presque de création. La personnalité du poète s'assimile ces éléments
divers de façon à produire une œuvre originale, sans ressemblance avec
ses modèles, qui ne sont pour lui qu'une excitation et un point de départ.

Outre l'esprit et comme un brio de jeunesse, la fable tient aux Comédies d'intrigues et d'aventures, inventées par les Anciens et reprises par les Italiens, suivis à leur tour par les Français de la fin du xvie siècle et du xviie. Mais, dans *l'Estourdy*, cette donnée cesse déjà d'être le but et ne devient plus qu'un cadre et qu'un moyen; Molière en garde le mouvement, mais il y ajoute ce qui sera l'une de ses qualités maîtresses, l'étude et le développement d'un type, et il y a lieu de s'étonner qu'une première œuvre ait déjà tant d'expérience et de sûreté. Rotrou, Scarron, Thomas Corneille, les prédécesseurs immédiats et les contemporains de Molière, accumulent les surprises et les péripéties; ils s'agitent, ils se hâtent, ils scintillent, ils s'écoutent, en se sachant gré de leur recherche et de leurs rencontres, mais ils ne vivent pas. Ce ne sont que des personnages, et non pas des hommes, une manière et non pas une réalité, un éparpillement et non pas une condensation. Un seul homme avait fait un pas dans ce sens et s'était préoccupé d'arriver à ce que l'action servît à mettre en lumière et en valeur la suite et l'unité d'un caractère comique; c'est le grand Corneille dans *le Menteur*, qui est de 1642. C'était ouvrir la voie, mais personne ne l'y avait suivi avant Molière, qui lui doit d'avoir eu les yeux dessillés et d'avoir compris que le particulier n'a de valeur et de force que lorsqu'il s'élève au général. Il s'y est essayé dans *l'Estourdy*, mais l'étoile, qui lui a montré le chemin, est certainement la Comédie du *Menteur*.

En même temps Molière révèle dans *l'Estourdy* l'une de ses meilleures qualités, l'action. Même quand ils ne sont pas en scène, tout roule sur Lélie et sur Mascarille. L'amoureux, qui ne pense qu'à Célie, commence par n'avoir jamais d'idées; Mascarille en a pour lui, et il en a beaucoup. Chacune suffirait, si son brouillon de Maître ne venait à chaque instant s'ingénier à la contrecarrer et à la détruire. C'est toujours la même chose, mais c'est toujours différent. On voit là l'un des procédés les plus personnels à Molière, l'emploi de la répétition, avec la surprise d'une invention toujours nouvelle et inattendue. Le plus gai, c'est que le succès final n'est dû à la féconde imaginative ni du Maître ni du Valet; c'est le hasard qui s'en charge. Lélie est heureux, mais Mascarille est encore plus surpris que lui, et l'on n'a peut-être pas assez remarqué que, dix ans après, dans l'un de ses chefs-d'œuvre, Molière, sans se copier, a trouvé une nouvelle variation sur le même thème.

C'est un frère de Lélie que l'aimable Horace de *l'École des Femmes*. C'est, avec un cœur charmant, la même tête de linotte, l'amoureux imprudent, si plein de son amour qu'il déborde à tout instant, si occupé de sa passion qu'elle lui semble intéresser l'univers, qu'il en parle à tout le monde, et, dans son éblouissement qui l'aveugle, précisément et toujours à celui-même à qui il devrait s'en taire. C'est là toute l'action de *l'Ecole des Femmes*, et Arnolphe ne s'y félicite-t-il pas qu'on lui donne toujours avis des pièges qu'on lui dresse, *et que cet estourdy — Fasse son confident de son propre rival*. Mascarille ne dirait pas autre chose de Lélie.

Ce qu'on reproche le plus à *l'Estourdy* c'est sa fable et son dénouement, cet esclavage et cette reconnaissance. Ce n'est qu'une vieille formule usée; c'est un pillage des Comédies et des Romans de l'Antiquité, un pillage des Comédies italiennes, qui se sont traînées dans la même ornière, et Molière a eu tort de faire comme eux. L'esclavage était le danger constant dans le Monde antique, où personne ne pouvait être sûr d'en être à l'abri; mais, ce à quoi l'on pourrait penser, s'il était déjà devenu une exception, il n'existait que trop réellement du temps de Molière, et même après lui.

N'est-ce pas en 1613 que Marie de Médicis établissait à Paris les Pères de la Merci, rue du Chaume? L'un des médaillons mis dans la Cour de l'Hôtel de Ville de Paris en 1689, ne portait-il pas : « 1683. LES ALGÉRIENS FORCÉS A RENDRE TOUS LES ESCLAVES FRANÇOIS » ? N'est-ce pas en 1698 qu'entre Civita et Toulon fut capturée une frégate anglaise et avec elle Regnard, un fils de Molière, qui fut esclave deux ans, en Alger et à Constantinople ? *Les Curiositez de Paris* de 1716, à l'article des Mathurins de la rue Saint-Jacques, qui étaient de l'Ordre de la Trinité et de la Rédemption des captifs, ne parlent-elles pas de la quantité de chaînes d'esclaves rachetés, qu'on voyait à l'entrée, sur le mur du côté gauche près de l'orgue ? Le *Voyage pour la rédemption des captifs de 1720*, imprimé en 1721, ne donne-t-il pas, entr'autres, les noms d'esclaves rachetés, natifs de Paris et de la Brie ? Les bibliographies de nos Provinces fourniraient au besoin une longue énumération de plaquettes, consacrées aux passages dans les villes des captifs délivrés et destinées à faire affluer les aumônes. L'on en citerait même sous Louis XVI, car il y eut à la Primatiale de Lyon, le 12 septembre 1785, une procession solennelle des esclaves rapatriés par les PP. de la Merci. N'est-ce pas dans cette même année 1785 que, dans le Sérail du Sultan Abdul-Amid, naquit à Constantinople d'une jeune Noble Provençale, enlevée par des corsaires, le Sultan Mahmoud II, qui n'est mort qu'en 1836, et n'est-ce pas en 1830 qu'un biographe d'Ugo Foscolo écrivait incidemment : « Laissons aux Algériens le métier de voler les hommes » ? En réalité, c'est en 1830 la prise d'Alger par la France qui, recommençant le bombardement de Duquesne de 1683, a mis fin à ce commerce de chair humaine. Cela a enlevé à la Comédie et au Drame une source de complications et bien des facilités pour les dénouements; il est probable que l'Italie et l'Espagne ne s'en sont pas plaint.

Pour revenir à *l'Estourdy*, on sait le grand succès de Molière dans le rôle de Mascarille par *l'Elomire hypocondre* de 1670. L'auteur, après avoir mis dans la bouche de Molière ses insuccès dans les rôles tragiques, continue ainsi :

> *Dans ce sensible affront ne sachant où m'en prendre,*
> *Je me vis mille fois sur le point de me pendre,*
> *Mais, d'un coup d'étourdy que causa mon transport,*
> *Où je devois périr je rencontray le port.*
> *Je veux dire qu'au lieu des Pièces de Corneille,*
> *Je jouay l'Étourdy, qui fut une merveille;*
> *Car à peine on m'eut veu la hallebarde au poing,*
> *A peine on eut ouy mon plaisant barragouin,*
> *Veu mon habit, ma toque, et ma barbe et ma fraise,*
> *Que tous les spectateurs furent transportés d'aise...*
> *Du parterre au théâtre et du théâtre aux loges,*
> *La voix de cent échos fait cent fois mes éloges,*
> *Et cette mesme voix demande incessamment*
> *Pendant trois mois entiers ce divertissement;*
> *Nous le donnons autant, et sans qu'on s'en rebute,*
> *Et sans que cette Pièce approche de sa chute.*

Le passage est bien connu, mais comme il vient d'un ennemi, le témoignage n'en est que plus incontestable, et la louange, malgré son intention malveillante, n'en est que plus grande et plus précieuse.

A MESSIRE

Armand Jean de RIANTS

Chevalier, Baron de Riverey,
Seigneur de La Gallesierre, Oudangeau et autres lieux,
Conseiller du Roy en tous ses Conseils
et Procureur de Sa Majesté
au Chastelet, Prévosté et Vicomté de Paris

Monsieur,

APRÈS avoir long-temps cherché quelque chose qui fût digne de vous estre offert, pour ne pas laisser eschaper aucune occasion de vous témoigner mes respects, et qui pût en mesme temps faire connoistre à tout le Monde que j'ay essayé de rendre à vostre mérite quelques marques particulières de mon zéle; J'ay cru que vous ne désavoûriez pas *l'Estourdy,* ou *les Contre-temps,* quand vous sçaurez que c'est un Estourdy tout

I.   2*

couvert de gloire de s'estre fait admirer par la plus galante Cour du
Monde, et qui a reçeu des avantages que de plus prudens que luy
se tiendroient glorieux d'avoir pu mériter. Toutes ces choses là font
voir qu'il y a de la différence entre luy et ceux qui portent son nom;
néantmoins je crains qu'il ne perde aujourd'huy la haute réputation
qu'il s'est acquise, quand on sçaura qu'il vient à Contre-temps se
présenter à vous et vous divertir des grandes et sérieuses occupations
que vous donne l'illustre Charge que vous possédez, et qui demande
que vous ayez soin de la plus célèbre Ville de la Terre. Vous le faites,
Monsieur, avec tant d'applaudissement, et vous vous aquitez de cette
Charge avec tant de gloire, que le Prince et les peuples en sont
également satisfaits; aussi chacun sçait-il que vous marchez sur les
traces de vos Illustres Ayeuls, dont la Mémoire ne périra jamais. Ouy,
Monsieur, l'on se souviendra de ce Denis de Riants, dont vous sortez,
qui s'aquitta si dignement, pour luy et pour tout le Monde, de la Charge
d'Avocat-Général et de Président au mortier, qu'il possédoit dans le
premier Parlement de France, et qui obligea cette Auguste Compagnie de
faire voir combien Elle l'avoit tousjours estimé, lors qu'estant priée par
ses Parens de se trouver aux honneurs funèbres que l'on luy devoit rendre,
Elle répondit, par l'organe de son premier Président, qu'*Elle estoit bien
marie du trépas d'un personnage de si grand sçavoir et de si grande vertu, et
qu'Elle luy rendroit tout l'honneur qu'Elle luy devoit*. Après cela, Monsieur,
l'on peut juger de la vénération que l'on a en France pour vostre Nom,
et sy, soustenant, comme vous faites, l'éclat et la gloire de vos Ancestres,
je ne dois pas craindre de passer pour téméraire en voulant faire vostre
Panégirique. L'on sçait assez que leurs grandes actions et les vostres
me fourniroient trop de matière s'il m'estoit permis de l'entreprendre;

mais, les voulant laisser à d'autres plus capables de les décrire, Je seray satisfait si je puis vous persuader que je suis, plus que personne du Monde,

Monsieur,

Vostre très humble et très obéissant serviteur

BARBIN.

LÉLIE, fils de Pandolfe.
CÉLIE, Esclave de Trufaldin.
MASCARILLE, Valet de Lélie.
HYPOLITE, fille d'Anselme.
ANSELME, vieillard.
TRUFALDIN, vieillard.
PANDOLFE, vieillard.
LÉANDRE, fils de famille.
ANDRÈS, cru Égyptien.
ERGASTE, Valet.
Un COURRIER.
Deux troupes de Masques.

La scène est à Messine.

MESSINE

L'ESTOURDY

ACTE I

SCÈNE PREMIÈRE

LÉLIE

É bien, Léandre, hé bien, il
        faudra contester ;
Nous verrons de nous deux
        qui pourra l'emporter ;
Qui, dans nos soins communs
        pour ce jeune miracle,
Aux vœux de son Rival portera
        plus d'obstacle.
Préparez vos efforts, et vous défendez bien,
Seur que de mon costé je n'espargneray rien.

I.

3

SCÈNE II

LÉLIE, MASCARILLE

LÉLIE

Ah ! Mascarille !

MASCARILLE

Quoy ?

LÉLIE

Voici bien des affaires ;
J'ay dans ma passion toutes choses contraires.
Léandre ayme Célie, et, par un trait fatal,
Malgré mon changement, est toujours mon Rival.

MASCARILLE

Léandre ayme Célie !

LÉLIE

Il l'adore, te dis-je.

MASCARILLE

Tant pis.

LÉLIE

Hé ! ouy, tant pis ; c'est là ce qui m'afflige.
Toutefois j'aurois tort de me désespérer ;
Puisque j'ay ton secours, je puis me rasseurer.

Je sçay que ton esprit, en intrigues fertile,
N'a jamais rien trouvé qui luy fust difficile,
Qu'on te peut appeler le Roy des Serviteurs,
Et qu'en toute la Terre.....

MASCARILLE

      Hé! trêve de douceurs.
Quand nous faisons besoin, nous autres misérables,
Nous sommes les chéris et les incomparables;
Et dans un autre temps, dès le moindre courroux,
Nous sommes les coquins qu'il faut roüer de coups.

LÉLIE

Ma foy, tu me fais tort avec cette invective.
Mais enfin discourons un peu de ma Captive.
Dy si les plus cruels et plus durs sentimens
Ont rien d'impénétrable à des traits si charmans.
Pour moy, dans ses discours, comme dans son visage,
Je voy pour sa naissance un noble témoignage,
Et je croy que le Ciel, dedans un rang si bas,
Cache son origine, et ne l'en tire pas.

MASCARILLE

Vous êtes romanesque avecque vos chimères.
Mais que fera Pandolfe en toutes ces affaires?
C'est, Monsieur, vostre père, au moins à ce qu'il dit;
Vous sçavez que sa bile assez souvent s'aigrit,
Qu'il peste contre vous d'une belle manière

Quand vos déportemens luy blessent la visière.
Il est avec Anselme en parole pour vous
Que de son Hipolite on vous fera l'espoux,
S'imaginant que c'est dans le seul mariage
Qu'il pourra rencontrer de quoy vous faire sage,
Et, s'il vient à sçavoir que, rebutant son choix,
D'un objet inconnu vous recevez les loix,
Que de ce fol amour la fatale puissance
Vous soustrait au devoir de vostre obéissance,
Dieu sçait quelle tempeste alors éclatera
Et de quels beaux sermons on vous régalera.

LÉLIE

Ah, trefve, je vous prie, à votre Réthorique.

MASCARILLE

Mais vous, trève plutost à vostre Politique ;
Elle n'est pas fort bonne, et vous devriez tâcher.....

LÉLIE

Sçais-tu qu'on n'acquiert rien de bon à me fâcher ?
Que chez moy les advis ont de tristes salaires ?
Qu'un Valet conseiller y fait mal ses affaires ?

MASCARILLE

Il se met en courroux. — Tout ce que j'en ay dit
N'estoit rien que pour rire, et vous sonder l'esprit.
D'un censeur de plaisirs ay-je fort l'encolure,

Et Mascarille est-il ennemy de nature ?
Vous sçavez le contraire, et qu'il est très-certain
Qu'on ne peut me taxer que d'estre trop humain.
Moquez-vous des sermons d'un vieux barbon de père;
Poussez vostre bidet, vous dis-je, et laissez faire.
Ma foy, j'en suis d'avis que ces penards chagrins
Nous viennent étourdir de leurs contes badins,
Et, vertueux par force, espèrent par envie
Oster aux jeunes gens les plaisirs de la vie.
Vous sçavez mon talent; je m'offre à vous servir.

LÉLIE

Ah, c'est par ces discours que tu peux me ravir.
Au reste, mon amour, quand je l'ay fait parestre,
N'a point esté mal veu des yeux qui l'ont fait naître ;
Mais Léandre, à l'instant, vient de me déclarer
Qu'à me ravir Célie il se va préparer.
C'est pourquoy dépeschons, et cherche dans ta teste
Les moyens les plus prompts d'en faire ma conqueste ;
Treuve ruses, destours, fourbes, inventions,
Pour frustrer un Rival de ses prétentions.

MASCARILLE

Laissez-moy quelque temps rêver à cette affaire.....
Que pourrois-je inventer pour ce coup nécessaire ?

LÉLIE

Hé bien, le stratagesme ?

MASCARILLE

Ah, comme vous courez!

Ma cervelle tousjours marche à pas mesurez.

J'ay treuvé vostre fait. Il faut... Non, je m'abuse;

Mais, si vous alliez...

LÉLIE

Où?

MASCARILLE

C'est une foible ruse.

J'en songeois une...

LÉLIE

Et quelle?

MASCARILLE

Elle n'iroit pas bien:

Mais ne pourriez-vous pas...

LÉLIE

Quoy?

MASCARILLE

Vous ne pourriez rien.

Parlez avec Anselme.

LÉLIE

Et que luy puis-je dire?

MASCARILLE

Il est vray; c'est tomber d'un mal dedans un pire.

Il faut pourtant l'avoir. Allez chez Trufaldin.

LÉLIE

Que faire ?

MASCARILLE

   Je ne sçay.

LÉLIE

          C'en est trop à la fin,
Et tu me mets à bout par ces contes frivoles.

MASCARILLE

Monsieur, si vous aviez en main force pistoles,
Nous n'aurions pas besoin maintenant de rèver
A chercher les biays que nous devons trouver,
Et pourrions, par un prompt achat de cette Esclave,
Empescher qu'un Rival vous prévienne et vous brave.
De ces Egyptiens, qui la mirent icy,
Trufaldin, qui la garde, est en quelque soucy,
Et, trouvant son argent qu'ils luy font trop attendre,
Je sçay bien qu'il seroit très-ravy de la vendre,
Car enfin en vray ladre il a toujours vescu ;
Il se feroit fesser pour moins d'un quart d'escu,
Et l'argent est le Dieu que sur tout il révère.
Mais le mal, c'est...

LÉLIE

      Quoy ? C'est...

MASCARILLE

            Que Monsieur vostre père

Est un autre vilain qui ne vous laisse pas,
Comme vous voudriez bien, manier ses ducats ;
Qu'il n'est point de ressort qui, pour vôtre ressource,
Peût faire maintenant ouvrir la moindre bourse.
Mais tâchons de parler à Célie un moment,
Pour sçavoir là dessus quel est son sentiment.
La fenestre est icy.

LÉLIE

Mais Trufaldin pour elle
Fait de nuit et de jour exacte sentinelle.
Prends garde.

MASCARILLE

Dans ce coin demeurons en repos.
O bonheur ! La voilà qui paroist à propos.

SCÈNE III

LÉLIE, CÉLIE, MASCARILLE

LÉLIE

Ah, que le Ciel m'oblige en offrant à ma veue
Les célestes attraits dont vous estes pourveue !
Et, quelque mal cuisant que m'ayent causé vos yeux,
Que je prens de plaisir à les voir en ces lieux !

CÉLIE

Mon cœur, qu'avec raison vostre discours estonne,
N'entend pas que mes yeux fassent mal à personne,
Et, si dans quelque chose ils vous ont outragé,
Je puis vous asseurer que c'est sans mon congé.

LÉLIE

Ah, leurs coups sont trop beaux pour me faire une injure ;
Je mets toute ma gloire à chérir ma blessure,
Et...

MASCARILLE

Vous le prenez là d'un ton un peu trop haut ;
Ce style maintenant n'est pas ce qu'il nous faut.
Profitons mieux du temps, et sçachons viste d'elle
Ce que...

TRUFALDIN *dans la maison.*

Célie ?

MASCARILLE

Hé bien ?

LÉLIE

O rencontre cruelle !
Ce mal-heureux vieillard devoit-il nous troubler !

MASCARILLE

Allez, retirez-vous ; je sçauray luy parler.

I.   4

SCÈNE IV

TRUFALDIN, CÉLIE, MASCARILLE
et LÉLIE, *retiré dans un coin.*

TRUFALDIN *à Célie.*

Que faites-vous dehors, et quel soin vous talonne,
Vous à qui je deffends de parler à personne ?

CÉLIE

Autrefois j'ay connu cet honneste garçon,
Et vous n'avez pas lieu d'en prendre aucun soupçon.

MASCARILLE

Est-ce là le Seigneur Trufaldin ?

CÉLIE

Ouy, luy-mesme.

MASCARILLE.

Monsieur, je suis tout vostre, et ma joye est extrême
De pouvoir saluer en toute humilité
Un homme, dont le nom est partout si vanté.

TRUFALDIN

Très-humble serviteur.

MASCARILLE

J'incommode peut-estre ;

Mais je l'ay veue ailleurs, où m'ayant fait connoistre
Les grans talens qu'elle a pour sçavoir l'avenir,
Je voulois sur un poinct un peu l'entretenir.

TRUFALDIN

Quoy ? Te mêlerois-tu d'un peu de diablerie ?

CÉLIE

Non, tout ce que je sçay n'est que blanche magie.

MASCARILLE

Voicy donc ce que c'est. Le Maistre que je sers
Languit pour un objet qui le tient dans ses fers ;
Il auroit bien voulu du feu qui le dévore,
Pouvoir entretenir la beauté qu'il adore,
Mais un dragon, veillant sur ce rare thrésor,
N'a pû, quoy qu'il ait fait, le luy permettre encor ;
Et, ce qui plus le gesne et le rend misérable,
Il vient de découvrir un rival redoutable,
Si bien que, pour sçavoir si ses soins amoureux
Ont sujet d'espérer quelque succez heureux,
Je viens vous consulter, seur que de vostre bouche
Je puis apprendre au vray le secret qui nous touche.

CÉLIE

Sous quel Astre ton Maistre a-t-il reçeu le jour ?

MASCARILLE

Sous un Astre à jamais ne changer son amour.

CÉLIE

Sans me nommer l'objet pour qui son cœur soupire,
La science que j'ay m'en peut assez instruire.
Cette fille a du cœur, et dans l'adversité
Elle sçait conserver une noble fierté ;
Elle n'est pas d'humeur à trop faire connoistre
Les secrets sentimens qu'en son cœur on fait naitre,
Mais je les sçay comme elle, et, d'un esprit plus doux,
Je vais en peu de mots vous les découvrir tous.

MASCARILLE

O merveilleux pouvoir de la vertu magique !

CÉLIE

Si ton Maistre en ce poinct de constance se pique,
Et que la vertu seule anime son dessein,
Qu'il n'apréhende pas de soupirer en vain ;
Il a lieu d'espérer, et le Fort qu'il veut prendre
N'est pas sourd aux Traitez, et voudra bien se rendre.

MASCARILLE

C'est beaucoup ; mais ce Fort dépend d'un Gouverneur
Difficile à gagner.

CÉLIE

C'est là tout le malheur.

MASCARILLE

Au Diable le Fâcheux qui toujours nous éclaire !

CÉLIE

Je vais vous enseigner ce que vous devez faire.

LÉLIE *les joignant.*

Cessez, ô Trufaldin, de vous inquiéter.
C'est par mon ordre seul qu'il vous vient visiter,
Et je vous l'envoyois, ce Serviteur fidelle,
Vous offrir mon service et vous parler pour elle,
Dont je vous veux dans peu payer la liberté,
Pourveu qu'entre nous deux le prix soit arresté.

MASCARILLE

La peste soit la beste!

TRUFALDIN

                    Ho, ho! Qui des deux croire?
Ce discours au premier est fort contradictoire.

MASCARILLE

Monsieur, ce galant homme a le cerveau blessé;
Ne le sçavez-vous pas?

TRUFALDIN

                    Je sçay ce que je sçay.
J'ay crainte icy dessous de quelque manigance.
— Rentrez, et ne prenez jamais cette licence.
— Et vous, filous fieffez, ou je me trompe fort,
Mettez, pour me joüer, vos flûtes mieux d'accord.

MASCARILLE

C'est bien fait. Je voudrois qu'encor, sans flatterie,
Il nous eust d'un baston chargez de compagnie.
A quoy bon se montrer et, comme un Estourdy
Me venir démentir de tout ce que je dy ?

LÉLIE

Je pensois faire bien.

MASCARILLE

              Ouy, c'estoit fort l'entendre.
Mais quoy, cette action ne me doit point surprendre ;
Vous estes si fertile en pareils Contre-temps,
Que vos escarts d'esprit n'étonnent plus les gens.

LÉLIE

Ah, mon Dieu, pour un rien me voilà bien coupable !
Le mal est-il si grand qu'il soit irréparable ?
Enfin, si tu ne mets Célie entre mes mains,
Songe au moins de Léandre à rompre les desseins,
Qu'il ne puisse acheter avant moy cette belle.
De peur que ma présence encor soit criminelle,
Je te laisse.

MASCARILLE

            Fort bien. A dire vray, l'argent
Seroit dans nostre affaire un seur et fort agent,
Mais, ce ressort manquant, il faut user d'un autre.

SCÈNE V

ANSELME, MASCARILLE

ANSELME

Par mon chef, c'est un siècle étrange que le nostre!
J'en suis confus. Jamais tant d'amour pour le bien,
Et jamais tant de peine à retirer le sien.
Les debtes aujourd'huy, quelque soin qu'on employe,
Sont comme les enfans, que l'on conçoit en joye
Et dont avecque peine on fait l'acouchement.
L'argent dans une bource entre agréablement,
Mais, le terme venu que nous devons le rendre,
C'est lors que les douleurs commencent à nous prendre,
Baste, ce n'est pas peu que deux mille francs, deus
Depuis deux ans entiers, me soient enfin rendus;
Encore est-ce un bon-heur.

MASCARILLE

                    O Dieu, la belle proye
A tirer en volant! Chut; il faut que je voye
Si je pourrois un peu de près le carresser.
Je sçay bien les discours dont il le faut bercer.
— Je viens de voir, Anselme...

ANSELME

                    Et qui?

MASCARILLE

Vostre Nérine.

ANSELME

Que dit-elle de moy, cette gente Assassine ?

MASCARILLE

Pour vous elle est de flâme...

ANSELME

Elle ?

MASCARILLE

Et vous ayme tant
Que c'est grande pitié.

ANSELME

Que tu me rends contant !

MASCARILLE

Peu s'en faut que d'amour la pauvrette ne meure.
Anselme, mon mignon, crie-t-elle à toute heure,
Quand est-ce que l'hymen unira nos deux cœurs
Et que tu daigneras esteindre mes ardeurs ?

ANSELME

Mais pourquoy jusqu'icy me les avoir célées ?
Les filles, par ma foy, sont bien dissimulées !
Mascarille, en effet, qu'en dis-tu ? Quoyque vieux,
J'ay de la mine encore assez pour plaire aux yeux.

MASCARILLE

Ouy, vrayment, ce visage est encor fort mettable ;
S'il n'est pas des plus beaux, il est des-agréable.

ANSELME

Si bien donc...?

MASCARILLE

Si bien donc qu'elle est sotte de vous,
Ne vous regarde plus...

ANSELME

Quoy ?

MASCARILLE

Que comme un espoux,
Et vous veut...

ANSELME

Et me veut...

MASCARILLE

Et vous veut, quoy qu'il tienne,
Prendre la bource....

ANSELME

La...?

MASCARILLE

La bouche avec la sienne.

ANSELME

Ah, je t'entends. Viens çà. Lors que tu la verras,
Vante-luy mon mérite autant que tu pourras.

MASCARILLE

Laissez-moy faire.

ANSELME

A Dieu.

MASCARILLE

Que le Ciel te conduise.

ANSELME

Ah! Vrayment, je faisois une estrange sottise,
Et tu pouvois pour toy m'accuser de froideur.
Je t'engage à servir mon amoureuse ardeur,
Je reçois par ta bouche une bonne nouvelle,
Sans du moindre présent récompenser ton zèle ;
Tiens, tu te souviendras...

MASCARILLE

Ah non pas, s'il vous plaist.

ANSELME

Laisse-moy...

MASCARILLE

Point du tout. J'agis sans intérest.

ANSELME

Je le sçay ; mais pourtant...

MASCARILLE

Non, Anselme, vous-dis-je.
Je suis homme d'honneur, cela me désoblige.

ANSELME

Adieu donc, Mascarille.

MASCARILLE

O long discours !

ANSELME

Je veux
Régaler par tes mains cet objet de mes vœux,
Et je vais te donner de quoy faire pour elle
L'achapt de quelque bague, ou telle bagatelle
Que tu trouveras bon.

MASCARILLE

Non, laissez votre argent.
Sans vous mettre en soucy, je ferai le présent,
Et l'on m'a mis en main une bague à la mode,
Qu'après vous payerez, si cela l'accommode.

ANSELME

Soit, donne-la pour moy ; mais surtout fay si bien
Qu'elle garde toujours l'ardeur de me voir sien.

SCÈNE VI

LÉLIE, ANSELME, MASCARILLE

LÉLIE

A qui la bource ?

ANSELME

   Ah, Dieux, elle m'estoit tombée,
Et j'aurois après crû qu'on me l'eust dérobée!
Je vous suis bien tenu de ce soin obligeant,
Qui m'épargne un grand trouble et me rend mon argent;
Je vay m'en décharger au logis tout à l'heure.

MASCARILLE

C'est estre officieux, et très-fort, ou je meure.

LÉLIE

Ma foy, sans moy, l'argent estoit perdu pour luy.

MASCARILLE

Certes, vous faites rage, et payez aujourd'huy
D'un jugement très rare et d'un bonheur extrème.
Nous avancerons fort, continuez de mesme.

LÉLIE

Qu'est-ce donc ? Qu'ay-je fait ?

MASCARILLE

Le sot en bon François,
Puis que je puis le dire, et qu'enfin je le dois.
Il sçait bien l'impuissance où son père le laisse,
Qu'un Rival, qu'il doit craindre, étrangement nous presse.
Cependant, quand je tente un coup pour l'obliger,
Dont je cours, moy tout seul, la honte et le danger...

LÉLIE

Quoy ? C'estoit...

MASCARILLE

Ouy, bourreau, c'estoit pour la Captive
Que j'attrapois l'argent, dont vostre soin nous prive.

LÉLIE

S'il est ainsi, j'ay tort ; mais qui l'eust deviné ?

MASCARILLE

Il falloit, en effet, être bien rafiné !

LÉLIE

Tu me devois par signe advertir de l'affaire.

MASCARILLE

Ouy, je devois au dos avoir mon luminaire.
Au nom de Jupiter, laissez-nous en repos,
Et ne nous chantez plus d'impertinans propos.
Un autre après cela quitteroit tout peut-estre ;
Mais j'avois médité tantost un coup de maistre,

Dont tout présentement je veux voir les effets ;
A la charge que, si...

LÉLIE

Non, je te le promets
De ne me mesler plus de rien dire, ou rien faire.

MASCARILLE

Allez donc ; vostre veue excite ma colère.

LÉLIE

Mais sur tout haste-toy, de peur qu'en ce dessein...

MASCARILLE

Allez ; encore un coup, j'y vay mettre la main.
Menons bien ce projet ; la fourbe sera fine,
S'il faut qu'elle succède ainsi que j'imagine.
Allons voir... Bon ; voicy mon homme justement.

SCÈNE VII

PANDOLFE, MASCARILLE

PANDOLFE

Mascarille...

MASCARILLE

Monsieur ?

PANDOLFE

A parler franchement,
Je suis mal satisfait de mon fils.

MASCARILLE

De mon Maistre ?
Vous n'estes pas le seul qui se plaigne de l'estre :
Sa mauvaise conduite, insuportable en tout,
Met à chaque moment ma patience à bout.

PANDOLFE

Je vous croirois pourtant assez d'intelligence
Ensemble.

MASCARILLE

Moy ? Monsieur, perdez cette croyance.
Tousjours de son devoir je tasche à l'advertir,
Et l'on nous voit sans cesse avoir maille à partir.
A l'heure mesme encor nous avons eu querelle
Sur l'hymen d'Hypolite, où je le vois rebelle,
Où, par l'indignité d'un refus criminel,
Je le vois offencer le respect paternel.

PANDOLFE

Querelle ?

MASCARILLE

Ouy, querelle, et bien avant poussée.

PANDOLFE

Je me trompois donc bien, car j'avois la pensée
Qu'à tout ce qu'il faisoit tu donnois de l'appuy.

MASCARILLE

Moy ? Voyez ce que c'est que du Monde aujourd'huy,
Et comme l'innocence est toujours opprimée.
Si mon intégrité vous estoit confirmée,
— Je suis auprès de luy gagé pour Serviteur —
Vous me voudriez encor payer pour Précepteur.
Ouy, vous ne pourriez pas luy dire davantage
Que ce que je luy dis, pour le faire estre sage :
« Monsieur, au nom de Dieu, » luy fay-je assez souvent,
« Cessez de vous laisser conduire au premier vent ;
« Réglez-vous ; regardez l'honneste homme de père
« Que vous avez du Ciel, comme on le considère ;
« Cessez de luy vouloir donner la mort au cœur,
« Et, comme luy, vivez en personne d'honneur ».

PANDOLFE

C'est parler comme il faut. Et que peut-il répondre ?

MASCARILLE

Répondre ? Des chansons, dont il me vient confondre.
Ce n'est pas qu'en effet, dans le fond de son cœur,
Il ne tienne de vous des semences d'honneur,
Mais sa raison n'est pas maintenant la maistresse.

Si je pouvois parler avecque hardiesse,
Vous le verriez dans peu soûmis sans nul effort.

PANDOLFE

Parle.

MASCARILLE

C'est un secret qui m'importeroit fort,
S'il estoit découvert, mais à vostre prudence
Je puis le confier avec toute asseurance.

PANDOLFE

Tu dis bien.

MASCARILLE

Sçachez donc que vos vœux sont trahis
Par l'amour qu'une Esclave imprime à vostre fils.

PANDOLFE

On m'en avoit parlé; mais l'action me touche
De voir que je l'apprenne encore par ta bouche.

MASCARILLE

Vous voyez si je suis le secret confident...

PANDOLFE

Vrayment je suis ravy de cela.

MASCARILLE

Cependant
A son devoir, sans bruit, desirez-vous le rendre ?

Il faut... J'ay toujours peur qu'on nous vienne surprendre ;
Ce seroit fait de moy, s'il sçavoit ce discours.
Il faut, dis-je, pour rompre à toute chose cours,
Acheter sourdement l'Esclave idolâtrée,
Et la faire passer en une autre contrée.
Anselme a grand accez auprès de Trufaldin ;
Qu'il aille l'acheter pour vous dès ce matin.
Après, si vous voulez en mes mains la remettre,
Je connois des Marchands, et puis bien vous promettre
D'en retirer l'argent qu'elle pourra couster,
Et, malgré vostre fils, de la faire écarter ;
Car enfin, si l'on veut qu'à l'hymen il se range,
A cette amour naissante il faut donner le change,
Et de plus, quand bien mesme il seroit résolu
Qu'il auroit pris le joug que vous avez voulu,
Cet autre objet, pouvant réveiller son caprice,
Au mariage encor peut porter préjudice.

PANDOLFE

C'est très bien raisonné ; ce conseil me plaist fort.
Je vois Anselme ; va, je m'en vais faire effort
Pour avoir promptement cette Esclave funeste,
Et la mettre en tes mains pour achever le reste.

MASCARILLE

Bon ; allons avertir mon Maistre de cecy.
Vive la Fourberie, et les fourbes aussi.

SCÈNE VIII

HYPOLITE, MASCARILLE

HYPOLITE

Ouy, traistre, c'est ainsi que tu me rends service !
Je viens de tout entendre et voir ton artifice ;
A moins que de cela, l'eussé-je soupçonné ?
Tu couches d'imposture, et tu m'en as donné.
Tu m'avois promis, lâche, et j'avois lieu d'attendre
Qu'on te verroit servir mes ardeurs pour Léandre ;
Que du choix de Lélie, où l'on veut m'obliger,
Ton adresse et tes soins sçauroient me dégager ;
Que tu m'affranchirois du projet de mon père ;
Et cependant icy tu fais tout le contraire.
Mais tu t'abuseras ; je sçay un seur moyen
Pour rompre cet achapt, où tu pousses si bien,
Et je vais de ce pas...

MASCARILLE

Ah, que vous estes prompte !
La mouche tout d'un coup à la teste vous monte,
Et, sans considérer s'il a raison, ou non,
Vostre esprit, contre moy, fait le petit Démon.
J'ay tort, et je devrois, sans finir mon ouvrage,

Vous faire dire vray, puis qu'ainsi l'on m'outrage.

HYPOLITE

Par quelle illusion penses-tu m'éblouir ?
Traistre, peux-tu nier ce que je viens d'oüir ?

MASCARILLE

Non ; mais il faut sçavoir que tout cet artifice
Ne va directement qu'à vous rendre service ;
Que ce conseil adroit, qui semble estre sans fard,
Jette dans le panneau l'un et l'autre vieillard ;
Que mon soin par leurs mains ne veut avoir Célie
Qu'à dessein de la mettre au pouvoir de Lélie,
Et faire que, l'effet de cette invention ,
Dans le dernier excez portant sa passion,
Anselme, rebuté de son prétendu gendre,
Puisse tourner son choix du costé de Léandre.

HYPOLITE

Quoy ! Tout ce grand projet, qui m'a mise en courroux,
Tu l'as formé pour moy, Mascarille ?

MASCARILLE

                              Ouy, pour vous.
Mais, puis qu'on reconnoist si mal mes bons offices,
Qu'il me faut de la sorte essuyer vos caprices,
Et que, pour récompense, on s'en vient de hauteur
Me traiter de faquin, de lâche, d'imposteur,

Je m'en vais réparer l'erreur que j'ay commise,
Et, dès ce mesme pas, rompre mon entreprise.

HYPOLITE *l'arrestant.*

Hé, ne me traite pas si rigoureusement,
Et pardonne aux transports d'un premier mouvement.

MASCARILLE

Non, non, laissez-moy faire. Il est en ma puissance
De détourner le coup qui si fort vous offence.
Vous ne vous plaindrez point de mes soins désormais.
Ouy, vous aurez mon Maistre, et je vous le promets.

HYPOLITE

Hé! mon pauvre garçon, que ta colère cesse.
J'ay mal jugé de toy; j'ay tort, je le confesse,
　　　Tirant sa bource :
Mais je veux réparer ma faute avec cecy.
Pourrois-tu te résoudre à me quitter ainsi ?

MASCARILLE

Non, je ne le sçaurois, quelque effort que je fasse,
Mais votre promptitude est de mauvaise grace.
Aprenez qu'il n'est rien qui blesse un noble cœur
Comme quand il peut voir qu'on le touche en l'honneur.

HYPOLITE

Il est vray, je t'ay dit de trop grosses injures;
Mais que ces deux Loüis guérissent tes blessures.

MASCARILLE

Hé, tout cela n'est rien. Je suis tendre à ces coups,
Mais desjà je commence à perdre mon courroux ;
Il faut de ses amis endurer quelque chose.

HYPOLITE

Pourras-tu mettre à fin ce que je me propose,
Et crois-tu que l'effet de tes desseins hardis
Produise à mon amour le succez que tu dis ?

MASCARILLE

N'ayez point pour ce faict l'esprit sur des espines.
J'ay des ressorts tout prests pour diverses machines,
Et, quand ce stratagesme à nos vœux manqueroit,
Ce qu'il ne feroit pas, un autre le feroit.

HYPOLITE

Croy qu'Hypolite au moins ne sera pas ingrate.

MASCARILLE

L'espérance du gain n'est pas ce qui me flatte.

HYPOLITE

Ton Maistre te fait signe et veut parler à toy ;
Je te quitte, mais songe à bien agir pour moy.

SCÈNE IX

MASCARILLE, LÉLIE

LÉLIE

Que diable fais-tu là ? Tu me promets merveille,
Mais ta lenteur d'agir est pour moy sans pareille.
Sans que mon bon Génie au-devant m'a poussé,
Desjà tout mon bon-heur eust été renversé.
C'estoit fait de mon bien, c'estoit fait de ma joye,
D'un regret éternel je devenois la proye ;
Bref, si je ne me fusse en ce lieu rencontré,
Anselme avoit l'Esclave, et j'en étois frustré ;
Il l'emmenoit chez luy, mais j'ay paré l'atteinte ;
J'ay détourné le coup, et tant fait que, par crainte,
Le pauvre Trufaldin l'a retenue.

MASCARILLE

                              Et trois !
Quand nous serons à dix, nous ferons une croix.
C'estoit par mon adresse, ô cervelle incurable,
Qu'Anselme entreprenoit cet achat favorable ;
Entre mes propres mains on la devoit livrer,
Et vos soins endiablez nous en viennent sevrer,
Et puis pour vostre amour je m'emploîrois encore !

J'aymerois mieux cent fois estre grosse pécore,
Devenir cruche, chou, lanterne, loup-garou,
Et qué Monsieur Sathan vous vînt tordre le cou.

LÉLIE

Il nous le faut mener dans quelque Hostellerie,
Et faire sur les pots décharger sa furie.

ACTE II

SCÈNE PREMIÈRE

MASCARILLE, LÉLIE

MASCARILLE

 vos desirs enfin il a fallu se
            rendre ;
      Malgré tous mes sermens,
            je n'ay pu m'en desfendre,
      Et pour vos intérests, que je
            voulois laisser,
      En de nouveaux périls viens
            de m'embarrasser.
Je suis ainsi facile, et, si de Mascarille
Madame la Nature avoit fait une fille,

Je vous laisse à penser ce que ç'auroit esté.
Toutefois, n'allez pas sur cette seureté
Donner de vos revers au projet que je tente,
Me faire une béveue, et rompre mon attente.
Auprès d'Anselme encor nous vous excuserons,
Pour en pouvoir tirer ce que nous desirons ;
Mais, si d'oresnavant vostre imprudence éclatte,
Adieu vous dy mes soins pour l'objet qui vous flatte.

LÉLIE

Non, je seray prudent, te dis-je, ne crains rien ;
Tu verras seulement...

MASCARILLE

        Souvenez-vous-en bien ;
J'ay commencé pour vous un hardy stratagème.
Vostre père fait voir une paresse extrême
A rendre par sa mort tous vos desirs contens ;
Je viens de le tuer — de parole, j'entens —
Je fais courir le bruit que d'une apoplexie
Le bon-homme surpris a quitté cette vie.
Mais avant, pour pouvoir mieux feindre ce trépas,
J'ay fait que vers sa grange il a porté ses pas ;
On est venu luy dire, et par mon artifice,
Que les ouvriers qui sont après son édifice,
Parmy les fondemens, qu'ils en jettent encor,
Avoient fait par hazard rencontre d'un trésor.

Il a volé d'abord et, comme à la Campagne
Tout son monde à présent, hors nous deux, l'accompagne
Dans l'esprit d'un chacun je le tue aujourd'huy,
Et produis un fantosme ensevely pour luy.
Enfin, je vous ay dit à quoy je vous engage.
Jouez bien vostre rôle, et, pour mon personnage,
Si vous apercevez que j'y manque d'un mot,
Dittes absolument que je ne suis qu'un sot.

LÉLIE seul.

Son esprit, il est vray, trouve une estrange voye
Pour adresser mes vœux au comble de leur joye,
Mais, quand d'un bel objet on est bien amoureux,
Que ne feroit-on pas pour devenir heureux ?
Si l'amour est au crime une assez belle excuse,
Il en peut bien servir à la petite ruse
Que sa flâme aujourd'huy me force d'approuver
Par la douceur du bien qui m'en doit arriver.
Juste Ciel, qu'ils sont prompts ! Je les vois en parole ;
Allons nous préparer à jouer nostre rôle.

SCÈNE II

MASCARILLE, ANSELME

MASCARILLE

La nouvelle a subjet de vous surprendre fort.

ANSELME

Estre mort de la sorte !

MASCARILLE

Il a certes grand tort ;
Je lui sçay mauvais gré d'une telle incartade.

ANSELME

N'avoir pas seulement le temps d'estre malade !

MASCARILLE

Non, jamais homme n'eut si haste de mourir.

ANSELME

Et Lélie ?

MASCARILLE

Il se bat, et ne peut rien souffrir ;
Il s'est fait en maints lieux contusion et bosse,
Et veut accompagner son papa dans la fosse.
Enfin, pour achever, l'excez de son transport
M'a fait en grande haste ensevelir le mort,
De peur que cet objet, qui le rend hipocondre,
A faire un vilain coup ne me l'allast semondre.

ANSELME

N'importe, tu devois attendre jusqu'au soir,
Outre qu'encore un coup j'aurois voulu le voir.

Qui tost ensevelit, bien souvent assassine,
Et tel est crû deffunct qui n'en a que la mine.

MASCARILLE

Je vous le garentis trespassé comme il faut.
Au reste, pour venir au discours de tantost,
Lélie, et l'action luy sera salutaire,
D'un bel enterrement veut régaler son père,
Et consoler un peu ce deffunt de son sort
Par le plaisir de voir faire honneur à sa mort.
Il hérite beaucoup, mais, comme en ses affaires
Il se trouve assez neuf et ne voit encor guères ;
Que son bien la pluspart n'est point en ces quartiers,
Ou que ce qu'il y tient consiste en des papiers ;
Il voudroit vous prier, en suitte de l'instance
D'excuser de tantost son trop de violence,
De luy prester au moins pour ce dernier devoir...

ANSELME

Tu me l'as desjà dit, et je m'en vais le voir.

MASCARILLE

Jusques icy du moins tout va le mieux du monde.
Taschons à ce progrès que le reste réponde,
Et, de peur de trouver dans le port un écueil,
Conduisons le vaisseau de la main et de l'œil.

SCÈNE III

LÉLIE, ANSELME, MASCARILLE

ANSELME

Sortons. Je ne sçaurois qu'avec douleur très-forte
Le voir empaqueté de cette estrange sorte.
Las, en si peu de temps! Il vivoit ce matin.

MASCARILLE

En peu de temps parfois on fait bien du chemin.

LÉLIE

Ah!

ANSELME

Mais quoy, cher Lélie! enfin il estoit homme.
On n'a point pour la mort de Dispense de Rome.

LÉLIE

Ah!

ANSELME

Sans leur dire gare, elle abbat les humains,
Et contr'eux de tout temps a de mauvais desseins.

LÉLIE

Ah!

ANSELME

Ce fier animal, pour toutes les prières,
Ne perdroit pas un coup de ses dents meurtrières ;
Tout le monde y passe.

LÉLIE

Ah !

MASCARILLE

                        Vous avez beau prescher,
Ce deüil enraciné ne se peut arracher.

ANSELME

Si, malgré ces raisons, vostre ennui persévère,
Mon cher Lélie, au moins faites qu'il se modère.

LÉLIE

Ah !

MASCARILLE

Il n'en fera rien ; je connois son humeur.

ANSELME

Au reste, sur l'advis de vostre Serviteur,
J'aporte ici l'argent qui vous est nécessaire
Pour faire célébrer les obsèques d'un père.

LÉLIE

Ah ! ah !

MASCARILLE

Comme à ce mot s'augmente sa douleur !
Il ne peut, sans mourir, songer à ce malheur.

ANSELME

Je sçay que vous verrez aux papiers du bon-homme
Que je suis débiteur d'une plus grande somme ;
Mais, quand par ces raisons je ne vous devrois rien,
Vous pourriez librement disposer de mon bien.
Tenez, je suis tout vostre, et le feray paroistre.

LÉLIE *s'en allant.*

Ah !

MASCARILLE

Le grand déplaisir que sent Monsieur mon Maistre

ANSELME

Mascarille, je croy qu'il seroit à propos
Qu'il me fit de sa main un reçeu de deux mots.

MASCARILLE

Ah !

ANSELME

Des évènements l'incertitude est grande.

MASCARILLE

Ah !

ANSELME

Faisons-luy signer le mot que je demande.

MASCARILLE

Las ! En l'estat qu'il est, comment vous contenter ?
Donnez-lui le loisir de se dès-atrister,
Et, quand ses déplaisirs prendront quelque allégeance,
J'auray soin d'en tirer d'abord vostre asseurance.
Adieu. Je sens mon cœur qui se gonfle d'ennuy,
Et m'en vay, tout mon saoul, pleurer avecque luy.
Ah !

ANSELME, *seul.*

Le Monde est remply de beaucoup de traverses ;
Chaque homme tous les jours en ressent de diverses,
Et jamais icy bas...

SCÈNE IV

PANDOLFE, ANSELME

ANSELME

Ah ! bons Dieux, je frémy.
Pandolfe qui revient ! Fût-il bien endormy !
Las ! Ne m'approchez pas de plus près, je vous prie ;
Comme depuis sa mort sa face est amaigrie !
J'ay trop de répugnance à coudoyer un mort.

1   8

PANDOLFE

D'où peut donc provenir ce bizarre transport ?

ANSELME

Dittes-moy de bien loin quel sujet vous ameine.
Si pour me dire adieu vous prenez tant de peine,
C'est trop de courtoisie, et véritablement
Je me serois passé de vostre compliment.
Si vostre Ame est en peine et cherche des prières,
Las ! je vous en promets, et ne m'effrayez guères !
Foy d'homme espouvanté, je vais faire à l'instant
Prier tant Dieu pour vous que vous serez content.

      Disparoissez donc, je vous prie,
      Et que le Ciel, par sa bonté,
      Comble de joye et de santé
      Vostre deffuncte Seigneurie !

PANDOLFE, *riant :*

Malgré tout mon dépit, il m'y faut prendre part.

ANSELME

Las, pour un trespassé vous estes bien gaillard.

PANDOLFE

Est-ce jeu, dittes-nous, ou bien si c'est folie,
Qui traitte de deffunct une personne en vie ?

ANSELME

Hélas ! vous estes mort, et je viens de vous voir.

PANDOLFE

Quoy ! J'aurois trespassé sans m'en appercevoir ?

ANSELME

Si tost que Mascarille en a dit la nouvelle,
J'en ay senty dans l'âme une douleur mortelle.

PANDOLFE

Mais enfin, dormez-vous ? Estes-vous éveillé ?
Me connoissez-vous pas ?

ANSELME

                Vous estes habillé
D'un corps aérien qui contrefait le vostre,
Mais qui dans un moment peut devenir tout autre.
Je crains fort de vous voir comme un Géant grandir,
Et tout vostre visage affreusement laidir.
Pour Dieu, ne prenez point de vilaine figure ;
J'ay prou de ma frayeur en cette conjecture.

PANDOLFE

En une autre saison, cette naïveté
Dont vous accompagnez vostre crédulité,
Anselme, me seroit un charmant badinage,
Et j'en prolongerois le plaisir davantage ;
Mais, avec cette mort, un trésor supposé,
Dont, parmy les chemins, on m'a désabusé,

Fomente dans mon âme un soupçon légitime.
Mascarille est un fourbe, et fourbe fourbissime,
Sur qui ne peuvent rien la crainte et le remors,
Et qui pour ses desseins a d'étranges ressorts.

ANSELME

M'auroit-on joué pièce et fait supercherie ?
Ah ! vrayment, ma Raison, vous seriez fort jolie !
Touchons un peu pour voir. En effet, c'est bien luy.
Male peste du sot que je suis aujourd'huy !
De grâce, n'allez pas divulguer un tel conte ;
On en feroit jouer quelque Farce à ma honte :
Mais, Pandolfe, aidez-moy vous-mesme à retirer
L'argent que j'ay donné pour vous faire enterrer.

PANDOLFE

De l'argent, dittes-vous ? Ah, c'est donc l'encloüeure !
Voilà le nœud secret de toute l'advanture.
A vostre dam. Pour moy, sans m'en mettre en soucy,
Je vais faire informer de cette affaire icy
Contre ce Mascarille, et, si l'on peut le prendre,
Quoy qu'il puisse couster, je le veux faire pendre.

ANSELME

Et moy, la bonne dupe à trop croire un vaurien,
Il faut donc qu'aujourd'huy je perde et sens et bien.
Il me sied bien, ma foy, de porter teste grise

Et d'estre encor si prompt à faire une sottise,
D'examiner si peu sur un premier rapport...
Mais je voy...

SCÈNE V

LÉLIE, ANSELME

LÉLIE

Maintenant, avec ce passeport
Je puis à Trufaldin rendre aisément visite.

ANSELME

A ce que je puis voir, vostre douleur vous quitte ?

LÉLIE

Que dittes-vous ? Jamais elle ne quittera
Un cœur qui chèrement toûjours la nourrira.

ANSELME

Je reviens sur mes pas vous dire avec franchise
Que tantost avec vous j'ay fait une méprise ;
Que parmy ces Loüis, quoy qu'ils semblent très beaux,
J'en ay, sans y penser, meslé que je tiens faux,
Et j'apporte sur moy de quoy mettre en leur place.
De nos faux monnoyeurs l'insuportable audace
Pullule en cet Estat d'une telle façon
Qu'on ne reçoit plus rien qui soit hors de soupçon ;

Mon Dieu, qu'on feroit bien de les faire tous pendre !

LÉLIE

Vous me faites plaisir de les vouloir reprendre,
Mais je n'en ay point veu de faux, comme je croy.

ANSELME

Je les connoistray bien. Montrez, montrez-les-moy.
Est-ce tout ?

LÉLIE

Ouy.

ANSELME

Tant mieux. Enfin je vous racroche,
Mon argent bien-aymé ; rentrez dedans ma poche.
Et vous, mon brave escroc, vous ne tenez plus rien.
Vous tuez donc des gens qui se portent fort bien ?
Et qu'auriez-vous donc fait sur moy, chétif beau-père ?
Ma foy, je m'engendrois d'une belle manière,
Et j'allois prendre en vous un beau-fils fort discret.
Allez, allez mourir de honte et de regret.

LÉLIE

Il faut dire : *J'en tiens.* Quelle surprise extrême !
D'où peut-il avoir sçeu si tost le stratagesme ?

SCÈNE VI

MASCARILLE, LÉLIE

MASCARILLE

Quoy ! Vous estiez sorty ? Je vous cherchois partout.
Hé bien, en sommes-nous enfin venus à bout ?
Je le donne en six coups au fourbe le plus brave.
Çà, donnez-moy que j'aille acheter notre Esclave ;
Vostre Rival après sera bien estonné.

LÉLIE

Ah, mon pauvre garçon, la chance a bien tourné !
Pourrois-tu de mon sort deviner l'injustice ?

MASCARILLE

Quoy ! Que seroit-ce ?

LÉLIE

Anselme, instruit de l'artifice,
M'a repris maintenant tout ce qu'il nous prestoit,
Sous couleur de changer de l'or que l'on doutoit.

MASCARILLE

Vous vous moquez peut-estre ?

LÉLIE

Il est trop véritable.

MASCARILLE

Tout de bon ?

LÉLIE

Tout de bon. J'en suis inconsolable ;
Tu te vas emporter d'un couroux sans égal.

MASCARILLE

Moy, Monsieur ! Quelque sot. La colère fait mal,
Et je veux me choyer, quoy qu'enfin il arrive.
Que Célie, après tout, soit ou libre ou captive,
Que Léandre l'achepte ou qu'elle reste là,
Pour moy, je m'en soucie autant que de cela.

LÉLIE

Ah ! n'aye point pour moy si grande indifférence,
Et sois plus indulgent à ce peu d'imprudence !
Sans ce dernier malheur, ne m'avoueras-tu pas
Que j'avois fait merveille, et qu'en ce feint trépas
J'éludois un chacun d'un deuil si vraysemblable
Que les plus clairvoyants l'auroient cru véritable ?

MASCARILLE

Vous avez, en effet, sujet de vous louer.

LÉLIE

Hé bien, je suis coupable, et je veux l'advouer ;
Mais, si jamais mon bien te fut considérable,

Répares ce malheur, et me sois secourable.

MASCARILLE

Je vous baise les mains ; je n'ay pas le loisir.

LÉLIE

Mascarille, mon fils !

MASCARILLE

Point.

LÉLIE

Fay-moy ce plaisir.

MASCARILLE

Non, je n'en feray rien.

LÉLIE

Si tu m'es inflexible,

Je m'en vais me tuer.

MASCARILLE

Soit ; il vous est loisible.

LÉLIE

Je ne te puis fléchir ?

MASCARILLE

Non.

LÉLIE

Vois-tu le fer prest ?

i.   9

MASCARILLE

Ouy.

LÉLIE

Je vais le pousser.

MASCARILLE

Faites ce qu'il vous plaist.

LÉLIE

Tu n'auras pas regret de m'arracher la vie ?

MASCARILLE

Non.

LÉLIE

Adieu, Mascarille.

MASCARILLE

Adieu, Monsieur Lélie.

LÉLIE

Quoy !...

MASCARILLE

Tuez-vous donc viste. Ah , que de longs devis !

LÉLIE

Tu voudrois bien, ma foy, pour avoir mes habits,
Que je fisse le sot, et que je me tuasse.

MASCARILLE

Sçavois-je pas qu'enfin ce n'estoit que grimace,
Et, quoy que ces esprits jurent d'effectuer,
Qu'on n'est point aujourd'huy si prompt à se tuer ?

SCÈNE VII

LÉANDRE, TRUFALDIN, LÉLIE, MASCARILLE

LÉLIE

Que vois-je ? Mon Rival et Trufaldin ensemble ?
Il achète Célie. Ah, de frayeur je tremble.

MASCARILLE

Il ne faut point douter qu'il fera ce qu'il peut,
Et, s'il a de l'argent, qu'il pourra ce qu'il veut.
Pour moy, j'en suis ravy. Voilà la récompense
De vos brusques erreurs, de vostre impatience.

LÉLIE

Que dois-je faire ? Dy, veuille me conseiller.

MASCARILLE

Je ne sçay.

LÉLIE

Laisse-moy ; je vais le quereller.

MASCARILLE

Qu'en arrivera-il ?

LÉLIE

Que veux-tu que je fasse
Pour empescher ce coup ?

MASCARILLE

Allez, je vous fais grace ;
Je jette encore un œil pitoyable sur vous.
Laissez-moy l'observer ; par des moyens plus doux
Je vay, comme je croy, sçavoir ce qu'il projette.

TRUFALDIN

Quand on viendra tantost, c'est une affaire faitte.

MASCARILLE

Il faut que je l'atrape, et que de ses desseins
Je sois le confident, pour mieux les rendre vains.

LÉANDRE

Grâces au Ciel, voilà mon bonheur hors d'atteinte;
J'ai sçeu me l'asseurer, et je n'ay plus de crainte.
Quoy que désormais puisse entreprendre un Rival,
Il n'est plus en pouvoir de me faire du mal.

MASCARILLE

Ahi, ahi! A l'aide! Au meurtre! Au secours! On m'assomme
Ah, ah, ah, ah, ah, ah! O traistre! O bourreau d'homme!

LÉANDRE

D'où procède cela ? Qu'est-ce ? Que te fait-on ?

MASCARILLE

On vient de me donner deux cent coups de baston.

LÉANDRE

Qui ?

MASCARILLE

Lélie.

LÉANDRE

Et pourquoy ?

MASCARILLE

Pour une bagatelle
Il me chasse, et me bat d'une façon cruelle.

LÉANDRE

Ah ! Vrayment il a tort.

MASCARILLE

Mais, ou je ne pourray,
Ou je jure bien fort que je m'en vengeray.
Ouy, je te feray voir, batteur que Dieu confonde,
Que ce n'est pas pour rien qu'il faut roüer le monde,
Que je suis un Valet, mais fort homme d'honneur,

Et qu'après m'avoir eu quatre ans pour Serviteur,
Il ne me falloit pas payer en coups de gaules,
Et me faire un affront, si sensible aux espaules.
Je te le dis encor, je sçauray m'en venger.
Une Esclave te plaist. Tu voulois m'engager
A la mettre en tes mains, et je veux faire en sorte
Qu'un autre te l'enlève, ou le Diable m'emporte.

LÉANDRE

Escoute, Mascarille, et quitte ce transport.
Tu m'as pleu de tout temps, et je souhaitois fort
Qu'un garçon comme toy, plein d'esprit et fidèle,
A mon service un jour pust attacher son zèle;
Enfin, si le party te semble bon pour toy,
Si tu veux me servir, je t'arreste avec moy.

MASCARILLE

Ouy, Monsieur, d'autant mieux que le Destin propice
M'offre à me bien venger, en vous rendant service,
Et que, dans mes efforts pour vos contentemens,
Je puis à mon brutal trouver des chastimens.
De Célie, en un mot, par mon adresse extrême...

LÉANDRE

Mon amour s'est rendu cet office luy-mesme.
Enflâmé d'un objet qui n'a point de défaut,
Je viens de l'achetter moins encor qu'il ne vaut.

MASCARILLE

Quoy ! Célie est à vous ?

LÉANDRE

           Tu la verrois paroistre,
Si de mes actions j'estois tout à fait maistre ;
Mais quoy, mon père l'est. Comme il a volonté,
Ainsi que je l'apprends d'un paquet apporté,
De me déterminer à l'hymen d'Hypolite,
J'empesche qu'un rapport de tout cecy l'irrite.
Donc avec Trufaldin, car je sors de chez luy,
J'ay voulu tout exprès agir au nom d'autruy,
Et, l'achat fait, ma bague est la marque choisie
Sur laquelle au premier il doit livrer Célie.
Je songe auparavant à chercher les moyens
D'oster aux yeux de tous ce qui charme les miens,
A trouver promptement un endroit favorable
Où puisse estre en secret cette Captive aymable.

MASCARILLE

Hors de la ville un peu, je puis avec raison
D'un vieux parent, que j'ay, vous offrir la maison ;
Là vous pourrez la mettre avec toute asseurance,
Et de cette action nul n'aura connoissance.

LÉANDRE

Ouy ? Ma foy, tu me fais un plaisir souhaité.

Tiens donc, et va pour moy prendre cette beauté.
Dès que par Trufaldin ma bague sera veue,
Aussitost en tes mains elle sera rendue,
Et dans cette maison tu me la conduiras
Quand... Mais chut; Hypolite est icy sur nos pas.

SCÈNE VIII

HYPOLITE, LÉANDRE, MASCARILLE

HYPOLITE

Je dois vous annoncer, Léandre, une nouvelle;
Mais la treuverez-vous agréable ou cruelle?

LÉANDRE

Pour en pouvoir juger, et répondre soudain,
Il faudroit la sçavoir.

HYPOLITE

             Donnez-moy donc la main
Jusqu'au Temple; en marchant, je pourray vous l'apprendre.

LÉANDRE

Va; va-t'en me servir, sans davantage attendre.

MASCARILLE

Ouy, je te vay servir d'un plat de ma façon.
Fut-il jamais au Monde un plus heureux garçon!

O, que dans un moment Lélie aura de joye!
Sa Maistresse en nos mains tomber par cette voye!
Recevoir tout son bien d'où l'on attend le mal,
Et devenir heureux par la main d'un Rival.
Après ce rare exploit, je veux que l'on s'appreste
A me peindre en Héros, un laurier sur la teste,
Et qu'au bas du portrait on mette, en lettres d'or:
Vivat Mascarillus, Fourbûm Imperator !

SCÈNE IX

TRUFALDIN, MASCARILLE

MASCARILLE

Holà?

TRUFALDIN

Que voulez-vous ?

MASCARILLE

Cette bague connue
Vous dira le sujet qui cause ma venue.

TRUFALDIN

Ouy, je reconnois bien la bague que voilà.
Je vais quérir l'Esclave ; arrestez un peu là.

SCÈNE X

LE COURRIER, TRUFALDIN, MASCARILLE

LE COURRIER

Seigneur, obligez-moy de m'enseigner un homme...

TRUFALDIN

Et qui ?

LE COURRIER

Je croy que c'est Trufaldin qu'il se nomme.

TRUFALDIN

Et que luy voulez-vous ? Vous le voyez icy.

LE COURRIER

Luy rendre seulement la Lettre que voicy.

LETTRE

Le Ciel, dont la bonté prend soucy de ma vie,
Vient de me faire ouïr, par un bruit assez doux,
Que ma Fille, à quatre ans par des voleurs ravie,
Sous le nom de Célie est Esclave chez vous.

Si vous sçeustes jamais ce que c'est qu'estre père
Et vous trouvez sensible aux tendresses du sang,

Conservez-moi chez vous cette Fille si chère
Comme si de la vostre elle tenoit le rang.

  Pour l'aller retirer je pars d'icy moy-mesme;
Et vous vais de vos soins récompenser si bien
Que par votre bonheur, que je veux rendre extrême,
Vous bénirez le jour où vous causez le mien.

De Madrid.   Dom Pedro de Guzman, Marquis
                         de Montalcane.

TRUFALDIN

Quoyqu'à leur Nation bien peu de foy soit deue,
Ils me l'avoient bien dit, ceux qui me l'ont vendue,
Que je verrois dans peu quelqu'un la retirer,
Et que je n'aurois pas sujet d'en murmurer ;
Et cependant j'allois, par mon impatience,
Perdre aujourd'huy les fruits d'une haute espérance.
— Un seul moment plus tard tous vos pas estoient vains ;
J'allois mettre en l'instant cette fille en ses mains.
Mais suffit, j'en auray tout le soin qu'on desire.
— Vous-mesme vous voyez ce que je viens de lire ;
Vous direz à celuy qui vous a fait venir
Que je ne luy sçaurois ma parole tenir.
Qu'il vienne retirer son argent.

MASCARILLE
                    Mais l'outrage

Que vous luy faites...

TRUFALDIN

Va, sans causer davantage.

MASCARILLE

Ah, le fâcheux paquet que nous venons d'avoir !
Le Sort a bien donné la baye à mon espoir ;
Et bien à la male-heure est-il venu d'Espagne
Ce Courrier, que la foudre ou la gresle accompagne !
Jamais, certes, jamais plus beau commencement
N'eust en si peu de temps plus triste événement.

SCÈNE XI

LÉLIE, MASCARILLE

MASCARILLE

Quel beau transport de joye à présent vous inspire ?

LÉLIE

Laisse-m'en rire encore avant que te le dire.

MASCARILLE

Çà, rions donc bien fort ; nous en avons sujet.

LÉLIE

Ah, je ne seray plus de tes plaintes l'objet ;

Tu ne me diras plus, toy, qui toujours me cries,
Que je gaste en brouillon toutes tes fourberies;
J'ay bien joué moy-mesme un tour des plus adroits.
Il est vray, je suis prompt, et m'emporte par fois,
Mais pourtant, quand je veux, j'ay l'imaginative
Aussi bonne, en effet, que personne qui vive,
Et toy-mesme advoûras que ce que j'ay fait, part
D'une pointe d'esprit où peu de monde a part.

MASCARILLE

Sçachons donc ce qu'a fait cette imaginative.

LÉLIE

Tantost, l'esprit esmeu d'une frayeur bien vive
D'avoir veu Trufaldin avecque mon Rival,
Je songeois à trouver un remède à ce mal,
Lors que, me ramassant tout entier en moy-mesme,
J'ay conçeu, digéré, produit un stratagesme,
Devant qui tous les tiens, dont tu fais tant de cas,
Doivent, sans contredit, mettre pavillon bas.

MASCARILLE

Mais qu'est-ce ?

LÉLIE

              Ah, s'il te plaist, donne-toy patience.
J'ay donc feint une Lettre avecque diligence,

Comme d'un grand Seigneur écritte à Trufaldin,
Qui mande qu'ayant sçeu, par un heureux destin,
Qu'une Esclave, qu'il tient sous le nom de Célie,
Est sa Fille, autrefois par des voleurs ravie ;
Il veut la venir prendre, et le conjure au moins
De la garder toujours, de luy rendre des soins ;
Qu'à ce sujet il part d'Espagne, et doit pour elle
Par de si grands présents reconnoistre son zèle
Qu'il n'aura pas regret de causer son bonheur.

MASCARILLE

Fort bien.

LÉLIE

Escoute donc ; voicy bien le meilleur.
La Lettre que je dis a donc été remise ;
Mais sçais-tu bien comment ? En saison si bien prise
Que le porteur m'a dit que, sans ce trait falot,
Un homme l'emmenoit, qui s'est trouvé fort sot.

MASCARILLE

Vous avez fait ce coup sans vous donner au Diable ?

LÉLIE

Ouy. D'un tour si subtil m'aurois-tu cru capable ?
Loue au moins mon adresse, et la dextérité
Dont je romps d'un Rival le dessein concerté.

MASCARILLE

A vous pouvoir louer selon vostre mérite,
Je manque d'éloquence, et ma force est petite.
Ouy, pour bien étaler cet effort relevé,
Ce bel exploit de guerre à nos yeux achevé,
Ce grand et rare effet d'une imaginative
Qui ne cède en vigueur à personne qui vive,
Ma langue est impuissante, et je voudrois avoir
Celles de tous les gens du plus exquis sçavoir
Pour vous dire en beaux vers, ou bien en docte prose,
Que vous serez toujours, quoy que l'on se propose,
Tout ce que vous avez esté durant vos jours ;
C'est-à-dire un esprit chaussé tout à rebours,
Une raison malade et toujours en débauche,
Un envers de bon sens, un jugement à gauche,
Un brouillon, une beste, un brusque, un estourdy,
Que sçay-je ? un... Cent fois plus encor que je ne dy,
C'est faire en abrégé vostre panégyrique.

LÉLIE

Apprends-moy le sujet qui contre moy te pique ;
Ay-je fait quelque chose ? Éclaircy-moy ce point.

MASCARILLE

Non, vous n'avez rien fait, mais ne me suivez point.

LÉLIE

Je te suivray partout pour sçavoir ce mystère.

MASCARILLE

Ouy ? Sus donc, préparez vos jambes à bien faire,
Car je vais vous fournir de quoy les exercer.

LÉLIE

Il m'eschape. O malheur, qui ne se peut forcer !
Au discours qu'il m'a fait que sçaurois-je comprendre,
Et quel mauvais office aurois-je pu me rendre ?

Fermez impunément nostre porte et sortez
ACTE III. SCENE VII.

ACTE III

SCÈNE PREMIÈRE

MASCARILLE, *seul*.

TAISEZ-VOUS, ma Bonté, cessez
   vostre entretien ;
Vous estes une sotte, et je
   n'en feray rien.
Ouy, vous avez raison, mon
   Courroux, je l'advoue.
Relier tant de fois ce qu'un
   brouillon dénoue,
C'est trop de patience, et je dois en sortir
Après de si beaux coups qu'il a sçeu divertir ;
Mais aussi raisonnons un peu sans violence.
Si je suis maintenant ma juste impatience,

On dira que je cède à la difficulté,
Que je me trouve à bout de ma subtilité.
Et que deviendra lors cette publique estime,
Qui te vante partout pour un fourbe sublime,
Et que tu t'es acquise, en tant d'occasions,
A ne t'estre jamais veu court d'inventions ?
L'honneur, ô Mascarille, est une belle chose !
A tes nobles travaux ne fais aucune pause,
Et, quoy qu'un Maistre ait fait pour te faire enrager,
Achève pour ta gloire, et non pour l'obliger.
Mais quoy ! Que feras-tu, que de l'eau toute claire,
Traversé sans repos par ce Démon contraire ?
Tu vois qu'à chaque instant il te fait déchanter,
Et que c'est battre l'eau de prétendre arrêter
Ce torrent effréné, qui de tes artifices
Renverse en un moment les plus beaux édifices.
Hé bien, pour toute grâce, encore un coup du moins;
Au hasard du succez sacrifions des soins,
Et, s'il poursuit encor à rompre nostre chance,
J'y consens, ostons-luy toute nostre assistance.
Cependant nostre affaire encor n'iroit pas mal
Si par là nous pouvions perdre nostre Rival,
Et que Léandre enfin, lassé de sa poursuite,
Nous laissast jour entier pour ce que je médite.
Ouy, je roule en ma teste un trait ingénieux,
Dont je promettrois bien un succez glorieux,

Si je puis n'avoir plus cet obstacle à combattre.
Bon ; voyons si son feu se rend opiniâtre.

SCÈNE II

LÉANDRE, MASCARILLE

MASCARILLE

Monsieur, j'ay perdu temps ; vostre homme se dédit.

LÉANDRE

De la chose luy-mesme il m'a fait un récit,
Mais c'est bien plus. J'ay sçeu que tout ce beau mystère
D'un rapt d'Égyptiens, d'un grand Seigneur pour père,
Qui doit partir d'Espagne et venir en ces lieux,
N'est qu'un pur stratagesme, un trait facétieux,
Une histoire à plaisir, un conte, dont Lélie
A voulu détourner nostre achat de Célie.

MASCARILLE

Voyez un peu la fourbe !

LÉANDRE

                        Et pourtant Trufaldin
Est si bien imprimé de ce conte badin,
Mord si bien à l'appas de cette foible ruse
Qu'il ne veut point souffrir que l'on le désabuse.

MASCARILLE

C'est pourquoy désormais il la gardera bien,
Et je ne voy pas lieu d'y prétendre plus rien.

LÉANDRE

Si d'abord à mes yeux elle parut aymable,
Je viens de la treuver tout à fait adorable,
Et je suis en suspens si, pour me l'acquérir,
Aux extrêmes moyens je ne dois point courir,
Par le don de ma foy rompre sa destinée,
Et changer ses liens en ceux de l'hyménée.

MASCARILLE

Vous pourriez l'épouser ?

LÉANDRE.

                    Je ne sçay, mais enfin,
Si quelque obscurité se treuve en son destin,
Sa grâce et sa vertu sont de tendres amorces,
Qui, pour tirer les cœurs, ont d'incroyables forces.

MASCARILLE

Sa vertu, dittes-vous ?

LÉANDRE

                    Quoy ? Que murmures-tu ?
Achève; explique-toy sur ce mot de vertu.

MASCARILLE

Monsieur, vostre visage en un moment s'altère,
Et je feray bien mieux, peut-estre, de me taire.

LÉANDRE

Non, non; parle.

MASCARILLE

   Hé bien donc, très-charitablement
Je vous veux retirer de vostre aveuglement.
Cette fille...

LÉANDRE

  Poursuy.

MASCARILLE

   N'est rien moins qu'inhumaine.
Dans le particulier elle oblige sans peine,
Et son cœur, croyez-moy, n'est point roche, après tout,
A quiconque la sçait prendre par le bon bout,
Elle fait la sucrée, et veut passer pour prude,
Mais je puis en parler avecque certitude ;
Vous sçavez que je suis quelque peu d'un métier
A me devoir connoistre en un pareil gibier.

LÉANDRE

Célie...

MASCARILLE

Ouy, sa pudeur n'est que franche grimace,
Q'une ombre de vertu, qui garde mal la Place
Et qui s'évanouit, comme l'on peut sçavoir,
Aux rayons du soleil qu'une bource fait voir.

LÉANDRE

Las ! que dis-tu ? Croiray-je un discours de la sorte ?

MASCARILLE

Monsieur, les volontez sont libres ; que m'importe ?
Non, ne me croyez pas, suivez votre dessein ;
Prenez cette matoise, et lui donnez la main.
Toute la ville en corps reconnoistra ce zèle,
Et vous espouserez le bien public en elle.

LÉANDRE

Quelle surprise estrange !

MASCARILLE

Il a pris l'hameçon.
Courage ; s'il s'y peut enferrer tout de bon,
Nous nous ostons du pied une fâcheuse espine.

LÉANDRE

Ouy, d'un coup estonnant ce discours m'assassine.

MASCARILLE

Quoy ! Vous pourriez...

LÉANDRE

Va-t'en jusqu'à la Poste, et voy
Je ne sçay quel paquet qui doit venir pour moy.
Qui ne s'y fut trompé ? Jamais l'air d'un visage,
Si ce qu'il dit est vray, n'imposa davantage.

SCÈNE III

LÉLIE, LÉANDRE

LÉLIE

Du chagrin qui vous tient quel peut estre l'objet ?

LÉANDRE

Moy ?

LÉLIE

Vous-mesme.

LÉANDRE

Pourtant, je n'en ay point sujet.

LÉLIE

Je voy bien ce que c'est ; Célie en est la cause.

LÉANDRE

Mon esprit ne court pas après si peu de chose.

LÉLIE

Pour elle vous aviez pourtant de grands desseins,
Mais il faut dire ainsi lors qu'ils se trouvent vains.

LÉANDRE

Si j'estois assez sot pour chérir ses caresses,
Je me mocquerois bien de toutes vos finesses.

LÉLIE

Quelles finesses donc ?

LÉANDRE

Mon Dieu, nous sçavons tout.

LÉLIE

Quoy ?

LÉANDRE

Vostre procédé, de l'un à l'autre bout.

LÉLIE

C'est de l'Hébreu pour moy ; je n'y puis rien comprendre.

LÉANDRE

Feignez, si vous voulez, de ne me pas entendre,
Mais, croyez-moy, cessez de craindre pour un bien
Où je serois fasché de vous disputer rien.
J'ayme fort la beauté qui n'est point prophanée,
Et ne veux point brûler pour une abandonnée.

LÉLIE

Tout beau, tout beau, Léandre.

LÉANDRE

                      Ah, que vous êtes bon !
Allez, vous dis-je encor, servez-la sans soupçon ;
Vous pourrez vous nommer homme à bonnes fortunes.
Il est vray, sa beauté n'est pas des plus communes,
Mais en revanche aussi le reste est fort commun.

LÉLIE

Léandre, arrestons là ce discours importun.
Contre moy, tant d'efforts qu'il vous plaira pour elle,
Mais, sur tout, retenez cette atteinte mortelle ;
Sçachez que je m'impute à trop de lâcheté
D'entendre mal parler de ma Divinité,
Et que j'auray toujours bien moins de répugnance
A souffrir vostre amour qu'un discours qui l'offence.

LÉANDRE

Ce que j'advance icy me vient de bonne part.

LÉLIE

Quiconque vous l'a dit est un lasche, un pendard.
On ne peut imposer de tache à cette fille ;
Je connois bien son cœur.

LÉANDRE

               Mais enfin, Mascarille

I.   12

D'un semblable procez est juge compétant ;
C'est luy qui la condamne.

LÉLIE

Ouy !

LÉANDRE

Luy-mesme.

LÉLIE

            Il prétend
D'une fille d'honneur insolemment médire,
Et que peut-être encor je n'en feray que rire ?
Gage qu'il se dédit.

LÉANDRE

Et moy, gage que non.

LÉLIE

Parbleu, je le ferois mourir sous le baston
S'il m'avoit soutenu des faussetez pareilles.

LÉANDRE

Moy, je luy couperois sur-le-champ les oreilles
S'il n'estoit pas garant de tout ce qu'il m'a dit.

SCÈNE IV

LÉLIE, LÉANDRE, MASCARILLE

LÉLIE

Ah! bon, bon; le voilà. Venez çà, chien maudit.

MASCARILLE

Quoy?

LÉLIE

Langue de serpent, fertile en impostures,
Vous osez sur Célie attacher vos morsures,
Et luy calomnier la plus rare vertu
Qui puisse faire éclat sous un Sort abattu?

MASCARILLE

Doucement. Ce discours est de mon industrie.

LÉLIE

Non, non. Point de clin d'œil, et point de raillerie.
Je suis aveugle à tout, sourd à quoy que ce soit;
Fust-ce mon propre frère, il me la payeroit,
Et, sur ce que j'adore oser porter le blasme,
C'est me faire une playe au plus tendre de l'âme.
Tous ces signes sont vains; quels discours as-tu faits?

MASCARILLE

Mon Dieu, ne cherchons point querelle, ou je m'en vais.

LÉLIE

Tu n'eschaperas pas.

MASCARILLE

Ahii !

LÉLIE

Parle donc, confesse.

MASCARILLE

Laissez-moy; je vous dy que c'est un tour d'adresse.

LÉLIE

Dépesche. Qu'as-tu dit ? Vuide entre nous ce point.

MASCARILLE

J'ay dit ce que j'ay dit. Ne vous emportez point.

LÉLIE

Ah ! je vous feray bien parler d'une autre sorte.

LÉANDRE

Alte un peu ; retenez l'ardeur qui vous emporte.

MASCARILLE

Fut-il jamais au Monde un esprit moins sensé ?

LÉLIE

Laissez-moy contenter mon courage offencé.

LÉANDRE

C'est trop que de vouloir le battre en ma présence.

LÉLIE

Quoy ? Chastier mes gens n'est pas en ma puissance ?

LÉANDRE

Comment ? Vos gens ?

MASCARILLE

Encor ! Il va tout découvrir.

LÉLIE

Quand j'aurois volonté de le battre à mourir,
Hé bien ? C'est mon Valet.

LÉANDRE

C'est maintenant le nostre.

LÉLIE

Le trait est admirable ! Et comment donc le vostre ?
Sans doute...

MASCARILLE

Doucement.

LÉLIE

Hem, que veux-tu coñter ?

MASCARILLE

Ah ! le double bourreau, qui me va tout gâter

Et qui ne comprend rien, quelque signe qu'on donne.

LÉLIE

Vous resvez bien, Léandre, et me la baillez bonne.
Il n'est pas mon Valet ?

LÉANDRE

                    Pour quelque mal commis,
Hors de votre service il n'a pas esté mis.....

LÉLIE

Je ne sçay ce que c'est.

LÉANDRE

                    Et, plein de violence,
Vous n'avez pas chargé son dos avec outrance ?

LÉLIE

Point du tout. Moy, l'avoir chassé, roué de coups ?
Vous vous mocquez de moy, Léandre, ou luy de vous.

MASCARILLE

Pousse, pousse, bourreau ; tu fais bien tes affaires.

LÉANDRE

Donc, les coups de baston ne sont qu'imaginaires ?

MASCARILLE

Il ne sait ce qu'il dit. Sa mémoire...

LÉANDRE

Non, non;
Tous ces signes pour toy ne disent rien de bon.
Ouy, d'un tour délicat mon esprit te soupçonne,
Mais pour l'invention, va, je te le pardonne.
C'est bien assez, pour moy, qu'il m'a désabusé,
De voir par quels motifs tu m'avois imposé,
Et que, m'estant commis à ton zèle hipocrite,
A si bon compte encor je m'en sois trouvé quitte.
Cecy doit s'appeler un advis au lecteur.
Adieu, Lélie, adieu ; très humble serviteur.

MASCARILLE

Courage, mon garçon ; tout heur nous accompagne,
Mettons flamberge au vent et bravoure en campagne,
Faisons l'Olibrius, l'occiseur d'innocens.

LÉLIE

Il t'avoit accusé de discours médisans
Contre...

MASCARILLE

Et vous ne pouviez souffrir mon artifice,
Luy laisser son erreur, qui vous rendoit service,
Et par qui son amour s'en estoit presque allé ?
Non, il a l'esprit franc, et point dissimulé.
Enfin chez son Rival je m'ancre avec adresse ;

Cette fourbe en mes mains va mettre sa Maistresse ;
Il me la fait manquer. Avec de faux rapports
Je veux de son Rival allentir les transports ;
Mon brave, incontinent, vient, qui le désabuse.
J'ay beau luy faire signe et montrer que c'est ruse.
Point d'affaire ; il poursuit sa pointe jusqu'au bout,
Et n'est point satisfait qu'il n'ait découvert tout.
Grand et sublime effort d'une imaginative
Qui ne le cède point à personne qui vive !
C'est une rare pièce, et digne, sur ma foy,
Qu'on en fasse présent au Cabinet d'un Roy.

LÉLIE

Je ne m'estonne pas si je romps tes attentes ;
A moins d'estre informé des choses que tu tentes,
J'en ferois encor cent de la sorte.

MASCARILLE

Tant pis.

LÉLIE

Au moins, pour t'emporter à de justes dépits,
Fay-moi dans tes desseins entrer de quelque chose ;
Mais, que de leurs ressorts la porte me soit clause,
C'est ce qui fait toûjours que je suis pris sans vert.

MASCARILLE

Je crois que vous seriez un Maistre d'arme expert ;

Vous sçavez à merveille en toutes advantures
Prendre les contre-temps et rompre les mesures.

LÉLIE

Puisque la chose est faitte, il n'y faut plus penser.
Mon Rival, en tout cas, ne peut me traverser,
Et, pourveu que tes soins, en qui je me repose...

MASCARILLE

Laissons là ce discours, et parlons d'autre chose.
Je ne m'appaise pas, non, si facilement ;
Je suis trop en colère. Il faut premièrement
Me rendre un bon office, et nous verrons en suitte
Si je dois de vos feux reprendre la conduitte.

LÉLIE

S'il ne tient qu'à cela, je n'y résiste pas.
As-tu besoin, dis-moy, de mon sang, de mes bras ?

MASCARILLE

De quelle vision sa cervelle est frappée !
Vous êtes de l'humeur de ces amis d'espée,
Que l'on trouve tousjours plus prompts à dégaîner
Qu'à tirer un teston, s'il falloit le donner.

LÉLIE

Que puis-je donc pour toy ?

I.

13

MASCARILLE

               C'est que de vostre père
Il faut absolument appaiser la colère.

LÉLIE

Nous avons fait la paix.

MASCARILLE

               Ouy ; mais non pas pour nous.
Je l'ay fait ce matin mort pour l'amour de vous ;
La vision le choque, et de pareilles feintes
Aux vieillards comme luy sont de rudes atteintes,
Qui sur l'état prochain de leur condition
Leur font faire à regret triste réflexion.
Le bon homme, tout vieux, chérit fort la lumière
Et ne veut point de jeu dessus cette matière ;
Il craint le pronostic, et, contre moy fasché,
On m'a dit qu'en Justice il m'avoit recherché.
J'ay peur, si le logis du Roy fait ma demeure,
De m'y trouver si bien, dès le premier quart d'heure,
Que j'aye peine aussi d'en sortir par après.
Contre moy, dès long-temps, l'on a force Décrets,
Car enfin la vertu n'est jamais sans envie,
Et dans ce maudit siècle est toûjours poursuivie.
Allez donc le fléchir.

LÉLIE

               Ouy, nous le fléchirons ;

Mais aussi tu promets...

MASCARILLE

                Ah, mon Dieu, nous verrons.
— Ma foy, prenons halaine après tant de fatigues;
Cessons, pour quelque temps, le cours de nos intrigues
Et de nous tourmenter de mesme qu'un Lutin.
Léandre, pour nous nuire, est hors de garde enfin,
Et Célie, arrestée avecque l'artifice...

SCÈNE V

ERGASTE, MASCARILLE

ERGASTE

Je te cherchois par tout, pour te rendre un service,
Pour te donner advis d'un secret important.

MASCARILLE

Quoy donc ?

ERGASTE

        N'avons-nous point icy quelque écoutant ?

MASCARILLE

Non.

ERGASTE

    Nous sommes amis autant qu'on le peut estre.
Je sçay bien tes desseins, et l'amour de ton Maistre;

Songez à vous tantôt. Léandre fait party
Pour enlever Célie, et j'en suis adverty
Qu'il a mis ordre à tout, et qu'il se persuade
D'entrer chez Trufaldin par une Mascarade,
Ayant sçeu qu'en ce temps, assez souvent le soir,
Des femmes du Quartier en masque l'alloient voir.

MASCARILLE

Ouy ? Suffit. Il n'est pas au comble de sa joye.
Je pourray bien tantost luy souffler cette proye,
Et contre cet assaut je sçais un coup fourré
Par qui je veux qu'il soit de luy-mesme enferré ;
Il ne sçait pas les dons dont mon âme est pourveue.
Adieu, nous boirons pinte à la première veue.
— Il faut, il faut tirer à nous ce que d'heureux
Pourroit avoir en soy ce projet amoureux
Et, par une surprise, adroitte et non commune,
Sans courir le danger, en tenter la fortune.
Si je vais me masquer pour devancer ses pas,
Léandre asseurément ne nous bravera pas,
Et là, premier que luy si nous faisons la prise,
Il aura fait pour nous les frais de l'entreprise
Puisque, par son dessein desjà presque évanté,
Le soupçon tombera toûjours de son côté,
Et que nous, à couvert de toutes ses poursuittes,
De ce coup hazardeux ne craindrons point les suittes ;

C'est ne se point commettre à faire de l'éclat,
Et tirer les marrons de la patte du chat.
Allons donc nous masquer avec quelques bons frères.
Pour prévenir nos gens, il ne faut tarder guères ;
Je sçais où gist le lièvre et me puis, sans travail,
Fournir en un moment d'hommes et d'attirail.
Croyez que je mets bien mon adresse en usage ;
Si j'ai reçeu du Ciel les fourbes en partage,
Je ne suis point au rang de ces esprits mal nez
Qui cachent les talens que Dieu leur a donnez.

SCÈNE VI

LÉLIE, ERGASTE

LÉLIE

Il prétend l'enlever avec sa Mascarade ?

ERGASTE

Il n'est rien plus certain. Quelqu'un de sa brigade
M'ayant de ce dessein instruit, sans m'arrester,
A Mascarille alors j'ay couru tout conter,
Qui s'en va, m'a-t-il dit, rompre cette partie
Par une invention dessus le champ bastie,
Et, comme je vous ay rencontré par hazard,
J'ay cru que je devois de tout vous faire part.

LÉLIE

Tu m'obliges par trop avec cette nouvelle ;
Va, je reconnoistray ce service fidelle.
— Mon drôle asseurément leur jouera quelque trait,
Mais je veux de ma part seconder son projet.
Il ne sera pas dit qu'en un fait qui me touche,
Je ne me sois non plus remué qu'une souche.
Voicy l'heure ; ils seront surpris à mon aspect.
Foin ! Que n'ay-je avec moy pris mon porte-respect ?
Mais, vienne qui voudra contre nostre personne,
J'ay deux bons pistolets, et mon espée est bonne.
Holà, quelqu'un, un mot.

SCÈNE VII

LÉLIE, TRUFALDIN

TRUFALDIN

Qu'est-ce ? Qui me vient voir ?

LÉLIE

Fermez soigneusement vostre porte ce soir.

TRUFALDIN

Pourquoy ?

LÉLIE

Certaines gens font une Mascarade

Pour vous venir donner une fâcheuse aubade ;
Ils veulent enlever vostre Célie....

TRUFALDIN

O Dieux !

LÉLIE

Et, sans doute bien tost, ils viennent en ces lieux.
Demeurez ; vous pourrez voir tout de la fenestre.
Hé bien, qu'avois-je-dit ? Les voyez-vous paroistre ?
Chut, je veux à vos yeux leur en faire l'affront.
Nous allons voir beau jeu, si la corde ne rompt.

SCÈNE VIII

LÉLIE, TRUFALDIN, MASCARILLE, *masqué.*

TRUFALDIN

O ! les plaisans robins, qui pensent me surprendre.

LÉLIE

Masques, où courez-vous ? Le pourroit-on apprendre !
Trufaldin, ouvrez-leur pour jouer un momon.
Bon Dieu, qu'elle est jolie, et qu'elle a l'air mignon !
Et quoy ! vous murmurez ! Mais, sans vous faire outrage,
Peut-on lever le masque et voir vostre visage ?

TRUFALDIN

Allez, fourbes méchans, retirez-vous d'icy,
Canaille, et vous, Seigneur, bonsoir et grand mercy.

LÉLIE

Mascarille, est-ce toy ?

MASCARILLE

Nenny dà, c'est quelqu'autre.

LÉLIE

Hélas, quelle surprise, et quel sort est le nostre !
L'aurois-je deviné, n'estant point adverty
Des secrettes raisons qui t'avoient travesty.
Malheureux que je suis d'avoir dessous ce masque
Esté, sans y penser, te faire cette frasque !
Il me prendroit envie, en ce juste courroux,
De me battre moy-mesme et me donner cent coups.

MASCARILLE

Adieu, sublime esprit, rare imaginative.

LÉLIE

Las, si de ton secours ta colère me prive,
A quel Saint me voueray-je ?

MASCARILLE

Au grand Diable d'Enfer.

LÉLIE

Ah, si ton cœur pour moy n'est de bronze ou de fer,
Qu'encore un coup du moins mon imprudence ait grâce!
S'il faut, pour l'obtenir, que tes genoux j'embrasse,
Voy moy...

MASCARILLE

Tarare! Allons, camarades, allons;
J'entends venir des gens qui sont sur nos talons.

SCÈNE IX

LÉANDRE, masqué, et sa suitte, TRUFALDIN

LÉANDRE

Sans bruit; ne faisons rien que de la bonne sorte.

TRUFALDIN

Quoy? Masques toute nuit assiègeront ma porte!
Messieurs, ne gagnez point de rheumes à plaisir;
Tout cerveau qui le fait est certes de loisir.
Il est un peu trop tard pour enlever Célie;
Dispensez-l'en ce soir, elle vous en supplie.
La belle est dans le lit, et ne peut vous parler;
J'en suis fasché pour vous, mais, pour vous régaler

I.   14

Du soucy qui pour elle icy vous inquiette,
Elle vous fait présent de cette cassolette.

LÉANDRE

Fy! Cela sent mauvais, et je suis tout gasté.
Nous sommes découverts; tirons de ce costé.

TIREZ, TIREZ, VOUS DIS-JE.   ACTE IV   OU BIEN JE VOUS ASSOMME.
                              Scène VI

ACTE IV

SCÈNE PREMIÈRE

LÉLIE, MASCARILLE

MASCARILLE

VOUS voilà fagoté d'une plaisante sorte.

LÉLIE

Tu ranimes par là mon espérance morte.

MASCARILLE

Tousjours de ma colère on me voit revenir;

J'ay beau jurer, pester, je ne m'en puis tenir.

LÉLIE

Aussy croy, si jamais je suis dans la puissance,
Que tu seras content de ma reconnoissance
Et que, quand je n'aurois qu'un seul morceau de pain...

MASCARILLE

Baste, songez à vous dans ce nouveau dessein.
Au moins, si l'on vous voit commettre une sottise,
Vous n'imputerez plus l'erreur à la surprise;
Vostre rôle en ce jeu par cœur doit estre sçeu.

LÉLIE

Mais comment Trufaldin chez lui t'a-t-il reçeu ?

MASCARILLE

D'un zèle simulé j'ay bridé le bon Sire.
Avec empressement je suis venu luy dire,
S'il ne songeoit à luy, que l'on le surprendroit ;
Que l'on couchoit en joue, et de plus d'un endroit,
Celle dont il a vu qu'une lettre en advance
Avoit si faussement divulgué la naissance ;
Qu'on avoit bien voulu m'y mesler quelque peu,
Mais que j'avois tiré mon épingle du jeu,
Et que, touché d'ardeur pour ce qui le regarde,
Je venois l'advertir de se donner de garde.
De là, moralisant, j'ay fait de grands discours

Sur les fourbes qu'on voit icy-bas tous les jours ;
Que, pour moy, las du Monde et de sa vie infâme,
Je voulois travailler au salut de mon âme,
A m'esloigner du trouble, et pouvoir longuement
Près de quelque honneste homme estre paisiblement ;
Que, s'il le trouvoit bon, je n'aurois d'autre envie
Que de passer chez luy le reste de ma vie,
Et que même à tel point il m'avoit sçeu ravir
Que, sans luy demander gages pour le servir,
Je mettrois en ses mains, que je tenois certaines,
Quelque bien de mon père, et le fruit de mes peines,
Dont, advenant que Dieu de ce Monde m'ostast,
J'entendois, tout de bon, que luy seul héritast.
C'estoit le vray moyen d'acquérir sa tendresse,
Et comme, pour résoudre avec vostre Maistresse
Des biais qu'on doit prendre à terminer vos vœux,
Je voulois en secret vous aboucher tous deux,
Luy-mesme a sçeu m'ouvrir une voye assez belle
De pouvoir hautement vous loger avec elle,
Venant m'entretenir d'un fils privé du jour,
Dont, cette nuict, en songe il a veu le retour.
A ce propos, voicy l'histoire qu'il m'a ditte,
Et sur qui j'ay tantost nostre fourbe construitte.

LÉLIE

C'est assez. Je sçais tout ; tu me l'as dit deux fois.

MASCARILLE

Ouy, ouy, mais, quand j'aurois passé jusques à trois,
Peut-estre encor qu'avec toute sa suffisance
Vostre esprit manquera dans quelque circonstance.

LÉLIE

Mais à tant différer je me fais de l'effort.

MASCARILLE

Ah ! De peur de tomber, ne courons pas si fort.
Voyez-vous ? Vous avez la caboche un peu dure ;
Rendez-vous affermy dessus cette advanture.
Autrefois Trufaldin de Naples est sorty
Et s'appelloit alors Zanobio Ruberty ;
Un party, qui causa quelque esmeute civile
Dont il fut seulement soupçonné dans sa ville,
— De fait, il n'est pas homme à troubler un Estat —
L'obligea d'en sortir une nuit sans éclat.
Une fille, fort jeune, et sa Femme laissées,
A quelque temps de là se trouvant trespassées,
Il en eut la nouvelle et, dans ce grand ennuy,
Voulant dans quelque ville emmener avec luy,
Outre ses biens, l'espoir qui restoit de sa race,
Un sien fils Escollier, qui se nommoit Horace,
Il écrit à Bologne, où, pour mieux estre instruit,
Un certain Maistre Albert jeune l'avoit conduit ;

Mais, pour se joindre tous, le rendez-vous qu'il donne
Durant deux ans entiers ne luy fit voir personne,
Si bien que, les jugeant morts après ce temps-là,
Il vint en cette ville et prit le nom qu'il a,
Sans que de cet Albert, ny de ce fils Horace,
Douze ans ayent découvert jamais la moindre trace.
Voilà l'histoire en gros, reditte seulement
Afin de vous servir icy de fondement.
Maintenant, vous serez un Marchand d'Arménie
Qui les aurez veu sains, l'un et l'autre, en Turquie.
Si j'ay, plutost qu'aucun, un tel moyen trouvé
Pour les ressusciter sur ce qu'il a resvé,
C'est qu'en fait d'advanture il est très-ordinaire
De voir gens pris sur mer par quelque Turc Corsaire,
Puis être à leur famille à point nommé rendus,
Après quinze ou vingt ans qu'on les a cru perdus.
Pour moy, j'ay veu desjà cent contes de la sorte.
Sans nous alambiquer, servons-nous-en ; qu'importe ?
Vous leur aurez ouy leur disgrâce conter,
Et leur aurez fourny de quoy se racheter,
Mais que, party plus tost pour chose nécessaire,
Horace vous chargea de voir icy son père,
Dont il a sçeu le sort, et chez qui vous devez
Attendre quelques jours qu'ils seroient arrivez.
Je vous ay fait tantost des leçons estendues.

LÉLIE

Ces répétitions ne sont que superflues ;
Dès l'abord mon esprit a compris tout le fait.

MASCARILLE

Je m'en vais, là dedans, donner le premier trait.

LÉLIE

Escoute, Mascarille. Un seul point me chagrine ;
S'il alloit de son fils me demander la mine ?

MASCARILLE

Belle difficulté ! Devez-vous pas sçavoir
Qu'il estoit fort petit alors qu'il l'a pu voir ?
Et puis, outre cela, le temps et l'esclavage
Pourroient-ils pas avoir changé tout son visage ?

LÉLIE

Il est vray. Mais, dy-moy, s'il connoist qu'il m'a veu,
Que faire ?

MASCARILLE

               De mémoire estes-vous dépourveu ?
Nous avons dit tantost qu'outre que vostre image
N'avoit dans son esprit pû faire qu'un passage
Pour ne vous avoir veu que durant un moment,
Et le poil et l'habit déguisoient grandement.

LÉLIE

Fort bien. Mais, à propos, cet endroit de Turquie ?

MASCARILLE

Tout, vous dis-je, est égal, Turquie ou Barbarie.

LÉLIE

Mais le nom de la ville où j'auray pu les voir ?

MASCARILLE

Thunis. Il me tiendra, je croy, jusques au soir,
— La répétition, dit-il, est inutile —
Et j'ay desjà nommé douze fois cette ville.

LÉLIE

Va, va-t'en commencer. Il ne me faut plus rien.

MASCARILLE

Au moins soyez prudent, et vous conduisez bien ;
Ne donnez point icy de l'imaginative.

LÉLIE

Laisse moy gouverner. Que ton âme est craintive !

MASCARILLE

Horace dans Bologne Escolier ; Trufaldin
Zanobio Ruberty, dans Naples Citadin ;
Le Précepteur Albert...

LÉLIE

Ah, c'est me faire honte

Que de me tant prescher! Suis-je un sot, à ton conte!

MASCARILLE

Non pas du tout, mais bien quelque chose approchant.

LÉLIE *seul*

Quand il m'est inutile, il fait le chien couchant,
Mais, parce qu'il sent bien le secours qu'il me donne,
Sa familiarité jusques là s'abandonne.
Je vais estre de près éclairé des beaux yeux
Dont la force m'impose un joug si précieux ;
Je m'en vais, sans obstacle, avec des traits de flamme,
Peindre à cette beauté les tourments de mon âme ;
Je sçauray quel arrest je doy... Mais les voicy.

SCÈNE II

TRUFALDIN, LÉLIE, MASCARILLE

TRUFALDIN

Sois bény, juste Ciel, de mon sort adoucy!

MASCARILLE

C'est à vous de rêver et de faire des songes,
Puisqu'en vous il est faux que songes sont mensonges.

TRUFALDIN

Quelle grâce, quels biens vous rendrai-je, Seigneur,

Vous, que je dois nommer l'Ange de mon bon-heur !

LÉLIE

Ce sont soins superflus, et je vous en dispense.

TRUFALDIN

J'ay, je ne sçay pas où, vu quelque ressemblance
De cet Arménien.

MASCARILLE

C'est ce que je disois ;
Mais on voit des rapports admirables parfois.

TRUFALDIN

Vous avez veu ce fils, où mon espoir se fonde ?

LÉLIE

Ouy, Seigneur Trufaldin, le plus gaillard du monde.

TRUFALDIN

Il vous a dit sa vie, et parlé fort de moy ?

LÉLIE

Plus de dix mille fois.

MASCARILLE

Quelque peu moins, je croy.

LÉLIE

Il vous a dépeint tel que je vous voy paroistre,
Le visage, le port...

TRUFALDIN

Cela pourroit-il estre
Si, lorsqu'il m'a pû voir, il n'avoit que sept ans
Et si son Précepteur mesme, depuis ce temps,
Auroit peine à pouvoir connoistre mon visage ?

MASCARILLE

Le sang bien autrement conserve cette image ;
Par des traits si profonds ce portrait est tracé
Que mon père...

TRUFALDIN

Suffit. — Où l'avez-vous laissé ?

LÉLIE

En Turquie, à Thurin.

TRUFALDIN

Thurin ? Mais cette ville
Est, je pense, en Piedmont.

MASCARILLE

O cerveau mal-habile !
— Vous ne l'entendez pas. Il veut dire Thunis,
Et c'est en effet là qu'il laissa votre fils ;
Mais les Arméniens ont tous, par habitude,
Certain vice de langue, à nous autres fort rude,
C'est que dans tous les mots ils changent *nis* en *rin*,
Et, pour dire Thunis, ils prononcent Thurin.

TRUFALDIN

Il falloit, pour l'entendre, avoir cette lumière.
Quel moyen vous dit-il de rencontrer son père ?

MASCARILLE

Voyez s'il répondra. — Je repassois un peu
Quelque leçon d'escrime. Autresfois en ce jeu
Il n'estoit point d'adresse à mon adresse égale,
Et j'ay battu le fer en mainte et mainte salle.

TRUFALDIN

Ce n'est pas maintenant ce que je veux sçavoir.
— Quel autre nom dit-il que je devois avoir ?

MASCARILLE

Ah, Seigneur Zanobio Ruberty, quelle joye
Est celle maintenant que le Ciel vous envoye !

LÉLIE

C'est là vostre vray nom, et l'autre est emprunté.

TRUFALDIN

Mais où vous a-t-il dit qu'il reçeut la clarté ?

MASCARILLE

Naples est un séjour qui paroist agréable,
Mais pour vous ce doit estre un lieu fort haïssable.

TRUFALDIN

Ne peux-tu, sans parler, souffrir nostre discours ?

LÉLIE

Dans Naples son destin a commencé son cours.

TRUFALDIN

Où l'envoyay-je jeune, et sous quelle conduite ?

MASCARILLE

Ce pauvre Maistre Albert a beaucoup de mérite
D'avoir, depuis Bologne, accompagné ce fils
Qu'à sa discrétion vos soins avoient commis.

TRUFALDIN

Ah !

MASCARILLE

Nous sommes perdus, si cet entretien dure.

TRUFALDIN

Je voudrois bien sçavoir de vous leur advanture,
Sur quel vaisseau le Sort, qui m'a sçeu travailler...

MASCARILLE

Je ne sçay ce que c'est, je ne fay que baailler ;
Mais, Seigneur Trufaldin, songez-vous que peut-estre
Ce Monsieur l'estranger a besoin de repaistre,
Et qu'il est tart aussi ?

LÉLIE

Pour moy, point de repas.

MASCARILLE

Ah, vous avez plus faim que vous ne pensez pas.

TRUFALDIN

Entrez donc.

LÉLIE

Après vous.

MASCARILLE

Monsieur, en Arménie
Les maistres du logis sont sans cérémonie.
— Pauvre esprit ! Pas deux mots !

LÉLIE

D'abord il m'a surpris,
Mais n'apréhende plus. Je reprends mes esprits,
Et m'en vais débiter avecque hardiesse...

MASCARILLE

Voicy nostre Rival, qui ne sçait pas la pièce.

SCÈNE III

LÉANDRE, ANSELME

ANSELME

Arrestez-vous, Léandre, et souffrez un discours
Qui cherche le repos et l'honneur de vos jours.
Je ne vous parle point en père de ma fille,
En homme intéressé pour ma propre famille,

Mais comme vostre père, ému pour vostre bien,
Sans vouloir vous flatter et vous déguiser rien,
Bref, comme je voudrois, d'une âme franche et pure,
Que l'on fist à mon sang en pareille adventure.
Sçavez-vous de quel œil chacun voit cet amour
Qui dedans une nuit vient d'éclater au jour;
A combien de discours et de traits de risée
Vostre entreprise d'hier est par tout exposée;
Quel jugement on fait du choix capricieux
Qui pour Femme, dit-on, vous désigne en ces lieux
Un rebut de l'Égypte, une fille coureuse,
De qui le noble employ n'est qu'un mestier de gueuse?
J'en ay rougy pour vous encor plus que pour moy,
Qui me trouve compris dans l'éclat que je voy,
Moy, dis-je, dont la fille, à vos ardeurs promise,
Ne peut, sans quelque affront, souffrir qu'on la méprise.
Ah, Léandre, sortez de cet abaissement;
Ouvrez un peu les yeux sur vostre aveuglement.
Si nostre esprit n'est pas sage à toutes les heures,
Les plus courtes erreurs sont toujours les meilleures.
Quand on ne prend en dot que la seule beauté,
Le remords est bien près de la solemnité,
Et la plus belle femme a très-peu de deffence
Contre cette tiédeur qui suit la jouissance.
Je vous le dis encor, ces bouillans mouvemens,
Ces ardeurs de jeunesse et ces emportemens

Nous font trouver d'abord quelques nuits agréables ;
Mais ces félicitez ne sont guères durables,
Et, nostre passion allentissant son cours,
Après ces bonnes nuits donnent de mauvais jours.
De là viennent les soins, les soucis, les misères,
Les fils des-héritez par le courroux des pères.

LÉANDRE

Dans tout votre discours je n'ay rien écouté
Que mon esprit desjà ne m'ait représenté.
Je sçay combien je dois à cet honneur insigne
Que vous me voulez faire et dont je suis indigne,
Et vois, malgré l'effort dont je suis combattu,
Ce que vaut vostre fille et quelle est sa vertu.
Aussi veux-je tascher...

ANSELME

On ouvre cette porte ;
Retirons-nous plus loin, de crainte qu'il n'en sorte
Quelque secret poison dont vous seriez surpris.

SCÈNE IV

LÉLIE, MASCARILLE

MASCARILLE

Bien-tost de nostre fourbe on verra le débris,
Si vous continuez des sottises si grandes.

LÉLIE

Dois-je éternellement ouyr tes réprimandes ?
De quoy te peux-tu plaindre ? Ay-je pas réussi
En tout ce que j'ay dit, depuis...

MASCARILLE

                        Coussi coussi,
Témoin les Turcs, par vous appelés hérétiques
Et que vous assurez, par serments authentiques,
Adorer pour leurs Dieux la Lune et le Soleil.
Passe. Ce qui me donne un dépit nompareil,
C'est qu'icy vostre amour étrangement s'oublie ;
Près de Célie il est ainsi que la bouillie,
Qui, par un trop grand feu, s'enfle, croît jusqu'aux bords,
Et de tous les costez se répand au dehors.

LÉLIE

Pourroit-on se forcer à plus de retenue ?
Je ne l'ay presque point encore entretenue.

MASCARILLE

Ouy, mais ce n'est pas tout que de ne parler pas.
Par vos gestes, durant un moment de repas,
Vous avez aux soupçons donné plus de matière
Que d'autres ne feroient dans une année entière.

LÉLIE

Et comment donc ?

MASCARILLE

    Comment ? Chacun a pu le voir.
A table, où Trufaldin l'oblige de se seoir,
Vous n'avez toûjours fait qu'avoir les yeux sur elle.
Rouge, tout interdit, jouant de la prunelle,
Sans prendre jamais garde à ce qu'on vous servoit,
Vous n'aviez point de soif qu'alors qu'elle beuvoit
Et, dans ses propres mains vous saisissant du verre,
Sans le vouloir rinser, sans rien jetter à terre,
Vous beuviez sur son reste, et montriez d'affecter
Le costé qu'à sa bouche elle avoit sçeu porter.
Sur les morceaux touchez de sa main délicate,
Ou mordus de ses dents, vous estendiez la patte
Plus brusquement qu'un chat dessus une souris,
Et les avaliez tout ainsi que des pois gris
Puis, outre tout cela, vous faisiez sous la table
Un bruit, un triquetrac de pieds insuportable,
Dont Trufaldin, heurté de deux coups trop pressans,
A puny, par deux fois, deux chiens très innocens,
Qui, s'ils eussent osé, vous eussent fait querelle.
Et puis, après cela, vostre conduite est belle !
Pour moy, j'en ay souffert la gesne sur mon corps.
Malgré le froid, je sue encor de mes efforts ;
Attaché dessus vous, comme un joueur de boule
Après le mouvement de la sienne qui roule,

Je pensois retenir toutes vos actions,
En faisant de mon corps mille contorsions.

LÉLIE

Mon Dieu, qu'il t'est aisé de condamner des choses
Dont tu ne ressens pas les agréables causes !
Je veux bien néantmoins, pour te plaire une fois,
Faire force à l'amour qui m'impose des loix.
Désormais...

SCÈNE V

LÉLIE, MASCARILLE, TRUFALDIN

MASCARILLE

Nous parlions des fortunes d'Horace.

TRUFALDIN

C'est bien fait. Cependant me ferez-vous la grace
Que je puisse luy dire un seul mot en secret ?

LÉLIE

Il faudroit autrement estre fort indiscret.

TRUFALDIN

Escoute. Sçais-tu bien ce que je viens de faire ?

MASCARILLE

Non, mais, si vous voulez, je ne tarderay guère,
Sans doute, à le sçavoir.

TRUFALDIN

              D'un chesne grand et fort
Dont près de deux cent ans ont desjà fait le sort,
Je viens de détacher une branche admirable,
Choisie expressément, de grosseur raisonnable,
Dont j'ay fait sur-le-champ, avec beaucoup d'ardeur,
Un bâton à peu près... ouy, de cette grandeur,
Moins gros par l'un des bouts, mais plus que trente gaules
Propre, comme je pense, à rosser les espaules,
Car il est bien en main, vert, noueux et massif.

MASCARILLE

Mais pour qui, je vous prie, un tel préparatif ?

TRUFALDIN

Pour toy premièrement, puis pour ce bon apostre
Qui veut m'en donner d'une et m'en jouer d'une autre,
Pour cet Arménien, ce Marchand déguisé,
Introduit sous l'appas d'un conte supposé.

MASCARILLE

Quoy ? Vous ne croyez pas...

TRUFALDIN

              Ne cherche point d'excuse.
Luy-mesme heureusement a découvert sa ruse
En disant à Célie, en luy serrant la main,
Que pour elle il venoit sous ce prétexte vain.

Il n'a pas aperçeu Jeannette, ma fillole,
Laquelle a tout ouy, parole pour parole,
Et je ne doute point, quoy qu'il n'en ait rien dit,
Que tu ne sois de tout le complice maudit.

MASCARILLE

Ah, vous me faittes tort. S'il faut qu'on vous affronte,
Croyez qu'il m'a trompé le premier à ce conte.

TRUFALDIN

Veux-tu me faire voir que tu dis vérité ?
Qu'à le chasser mon bras soit du tien assisté ;
Donnons-en à ce fourbe et du long et du large,
Et de tout crime après mon esprit te décharge.

MASCARILLE

Ouy-dà, très volontiers ; je l'épousteray bien,
Et par là vous verrez que je n'y trempe en rien.
— Ah ! vous serez rossé, Monsieur de l'Arménie,
Qui tousjours gastez tout.

SCÈNE VI

LÉLIE, TRUFALDIN, MASCARILLE

TRUFALDIN

                    Un mot, je vous suplie.
Donc, Monsieur l'imposteur, vous osez aujourd'huy

Dupper un honneste homme, et vous jouer de luy ?

MASCARILLE

Feindre avoir vu son fils en une autre contrée,
Pour vous donner chez luy plus aisément entrée !

TRUFALDIN

Vuidons, vuidons sur l'heure.

LÉLIE

Ah, coquin !

MASCARILLE

C'est ainsi
Que les fourbes...

LÉLIE

Bourreau !

MASCARILLE

Sont ajustez icy.
Garde-moy bien cela.

LÉLIE

Quoy donc ? je serois homme...

MASCARILLE

Tirez, tirez, vous dis-je, ou bien je vous assomme.

TRUFALDIN

Voilà qui me plaist fort. Rentre, je suis content.

LÉLIE

A moy par un Valet cet affront éclattant !
L'auroit-on pu prévoir l'action de ce traistre,
Qui vient insolemment de mal-traitter son Maistre ?

MASCARILLE

Peut-on vous demander comme va votre dos ?

LÉLIE

Quoy ? Tu m'oses encor tenir un tel propos.

MASCARILLE

Voilà, voilà que c'est de ne pas voir Jeannette
Et d'avoir en tout temps une langue indiscrette,
Mais, pour cette fois-cy, je n'ay point de courroux ;
Je cesse d'éclatter, de pester contre vous.
Quoy que de l'action l'imprudence soit haute,
Ma main sur vostre eschine a lavé votre faute.

LÉLIE

Ah, je me vengeray de ce trait déloyal.

MASCARILLE

Vous vous estes causé vous-mesme tout le mal.

LÉLIE

Moy ?

MASCARILLE

Si vous n'estiez pas une cervelle folle,

Quand vous avez parlé n'aguère à votre idole,
Vous auriez aperçeu Jeannette sur vos pas,
Dont l'oreille subtile a découvert le cas.

LÉLIE

On auroit pu surprendre un mot dit à Célie !

MASCARILLE

Et d'où doncques viendroit cette prompte sortie ?
Ouy, vous n'estes dehors que par vostre caquet.
Je ne sçay si souvent vous jouez au piquet,
Mais, au moins, faittes-vous des écarts admirables.

LÉLIE

O le plus malheureux de tous les misérables !
Mais encore, pourquoy me voir chassé par toy ?

MASCARILLE

Je ne fis jamais mieux que d'en prendre l'employ ;
Par là j'empesche au moins que de cet artifice
Je ne sois soupçonné d'être autheur, ou complice.

LÉLIE

Tu devois donc, pour toy, frapper plus doucement.

MASCARILLE

Quelque sot. Trufaldin lorgnoit exactement,
Et puis je vous diray, sous ce prétexte utile
Je n'estois point fasché d'évaporer ma bile.

Enfin, la chose est faitte, et, si j'ay vostre foy
Qu'on ne vous verra point vouloir venger sur moy,
Soit ou directement, ou par quelque autre voye,
Les coups sur vostre râble assenez avec joye,
Je vous promets, aydé par le poste où je suis,
De contenter vos vœux, avant qu'il soit deux nuits.

LÉLIE

Quoy que ton traittement ait eu trop de rudesse,
Qu'est-ce que dessus moy ne peut cette promesse ?

MASCARILLE

Vous le promettez donc ?

LÉLIE

Ouy, je te le promets.

MASCARILLE

Ce n'est pas encor tout. Promettez que jamais
Vous ne vous mêlerez dans quoy que j'entreprenne.

LÉLIE

Soit.

MASCARILLE

Si vous y manquez, vostre fièvre quartaine !

LÉLIE

Mais tiens-moy donc parole, et songe à mon repos.

MASCARILLE

Allez quitter l'habit, et graisser votre dos.

LÉLIE

Faut-il que le malheur, qui me suit à la trace,
Me fasse voir toujours disgrâce sur disgrâce ?

MASCARILLE

Quoy ? Vous n'estes pas loin ? Sortez viste d'icy ;
Mais, sur tout, gardez-vous de prendre aucun soucy.
Puis que je fais pour vous, que cela vous suffise.
N'aydez point mon projet de la moindre entreprise ;
Demeurez en repos.

LÉLIE

Ouy, va, je m'y tiendray.

MASCARILLE

Il faut voir maintenant quel biais je prendray.

SCÈNE VII

ERGASTE, MASCARILLE

ERGASTE

Mascarille, je viens te dire une nouvelle,
Qui donne à tes desseins une atteinte cruelle.
A l'heure que je parle un jeune Égyptien,
Qui n'est pas noir pourtant et sent assez son bien,

Arrive, accompagné d'une vieille fort hâve,
Et vient chez Trufaldin racheter cette Esclave
Que vous vouliez ; pour elle il paroist fort zélé.

MASCARILLE

Sans doute c'est l'amant dont Célie a parlé.
Fut-il jamais destin plus brouillé que le nostre ?
Sortant d'un embarras, nous entrons dans un autre.
En vain nous apprenons que Léandre est au poinct
De quitter la partie et ne nous troubler point ;
Que son père, arrivé contre toute espérance,
Du costé d'Hypolite emporte la balance ;
Qu'il a tout fait changer par son authorité
Et va dès aujourd'huy conclure le traitté.
Lors qu'un Rival s'éloigne, un autre plus funeste
S'en vient nous enlever tout l'espoir qui nous reste.
Toutefois, par un trait merveilleux de mon art,
Je croy que je pourray retarder leur départ
Et me donner le temps qui sera nécessaire
Pour tâcher de finir cette fameuse affaire.
Il s'est fait un grand vol ; par qui, l'on n'en sçait rien ;
Eux autres rarement passent pour gens de bien ;
Je veux adroitement, sur un soupçon frivole,
Faire pour quelques jours emprisonner ce drôle.
Je sçay des Officiers de Justice altérez,
Qui sont pour de tels coups de vrais délibérez ;

Dessus l'avide espoir de quelque paraguante,
Il n'est rien que leur art aveuglément ne tente,
Et du plus innocent, toujours à leur profit,
La bource est criminelle et paye son délit.

ACTE V

SCÈNE PREMIÈRE

MASCARILLE, ERGASTE

MASCARILLE

H chien, ah, double chien, mâtine
    de cervelle !
Ta persécution sera-t-elle éternelle !

ERGASTE

Par les soins vigilants de l'Exempt
    Balafré
Ton affaire alloit bien. Le drôle
    étoit coffré,
Si ton Maistre au moment ne fust venu luy-mesme
En vray désespéré rompre ton stratagesme :

« Je ne sçaurois souffrir », a-t-il dit hautement,
« Qu'un honneste homme soit traisné honteusement;
« J'en répons sur sa mine, et je le cautionne ».
Et, comme on résistoit à lâcher sa personne,
D'abord il a chargé si bien sur les Recorps,
Qui sont gens, d'ordinaire, à craindre pour leurs corps,
Qu'à l'heure que je parle ils sont encore en fuite
Et pensent tous avoir un Lélie à leur suite.

MASCARILLE

Le traistre ne sçait pas que cet Égyptien
Est desjà là-dedans pour luy ravir son bien.

ERGASTE

Adieu. Certaine affaire à te quitter m'oblige.

MASCARILLE

Ouy, je suis stupéfait de ce dernier prodige.
On diroit, et pour moy j'en suis persuadé,
Que ce Démon brouillon, dont il est possédé,
Se plaise à me braver et me l'aille conduire
Partout où sa présence est capable de nuire.
Pourtant je veux poursuivre et, malgré tous ces coups,
Voir qui l'emportera, de ce Diable ou de nous.
Célie est quelque peu de notre intelligence
Et ne voit son départ qu'avecque répugnance;
Je tasche à profiter de cette occasion.

Mais ils viennent; songeons à l'exécution.
Cette maison meublée est en ma bienséance;
Je puis en disposer avec grande licence;
Si le Sort nous en dit, tout sera bien réglé;
Nul que moy ne s'y tient, et j'en garde la clé.
O Dieu, qu'en peu de temps on a veu d'advantures,
Et qu'un fourbe est contraint de prendre de figures!

SCÈNE II

CÉLIE, ANDRÈS

ANDRÈS

Vous le sçavez, Célie, il n'est rien que mon cœur
N'ait fait pour vous prouver l'excez de son ardeur.
Chez les Vénitiens, dès un assez jeune âge,
La guerre en quelque estime avoit mis mon courage,
Et j'y pouvois un jour, sans trop croire de moy,
Prétendre, en les servant, un honorable employ,
Lors qu'on me vit pour vous oublier toute chose
Et que le prompt effet d'une métamorphose,
Qui suivit de mon cœur le soudain changement,
Parmy vos compagnons sçeut ranger vostre amant,
Sans que mille accidents, ny vostre indifférance,
Ayent pu me détacher de ma persévérance.

Depuis, par un hazard, d'avec vous séparé
Pour beaucoup plus de temps que je n'eusse auguré,
Je n'ay, pour vous rejoindre, épargné temps ny peine.
Enfin, ayant trouvé la vieille Égyptienne,
Et plein d'impatience, aprenant votre sort
Que pour certain argent, qui leur importoit fort
Et qui de tous vos gens détourna le naufrage,
Vous aviez en ces lieux esté mise en ostage,
J'accours viste y briser ces chaînes d'intérest
Et recevoir de vous les ordres qu'il vous plaist.
Cependant on vous voit une morne tristesse
Alors que dans vos yeux doit briller l'allégresse.
Si pour vous la retraitte avoit quelques appas,
Venise, du butin fait parmy les combats,
Me garde pour tous deux de quoy pouvoir y vivre.
Que si comme devant il vous faut encor suivre,
J'y consens, et mon cœur n'ambitionnera
Que d'estre auprès de vous tout ce qu'il vous plaira.

CÉLIE

Vostre zèle pour moy visiblement éclate ;
Pour en paroistre triste il faudroit estre ingrate,
Et mon visage aussi, par son émotion,
N'explique point mon cœur en cette occasion ;
Une douleur de teste y peint sa violence,
Et, si j'avois sur vous quelque peu de puissance,

Nostre voyage, au moins pour trois ou quatre jours,
Attendroit que ce mal eust pris un autre cours.

ANDRÈS

Autant que vous voudrez faites qu'il se diffère.
Toutes mes volontez ne buttent qu'à vous plaire ;
Cherchons une maison à vous mettre en repos.
L'escriteau que voicy s'offre tout à propos.

SCÈNE III

MASCARILLE, CÉLIE, ANDRÈS

ANDRÈS

Seigneur Suisse, estes-vous de ce logis le maistre ?

MASCARILLE

Moy, pour serfir à fous.

ANDRÈS

Pourrons-nous y bien estre ?

MASCARILLE

Ouy, moy pour d'estrancher ch'appon champre garny,
Mas ché non point locher tè gent te meschant vy.

ANDRÈS

Je croy vostre maison franche de tout ombrage.

MASCARILLE

Fous nouviau dans sti fil, moy foir à la fissage.

ANDRÈS

Ouy.

MASCARILLE

La Matame est-il mariage al Montsieur ?

ANDRÈS

Quoy ?

MASCARILLE

S'il estre son Fame, ou s'il estre son sœur ?

ANDRÈS

Non.

MASCARILLE

Mon foy, pien choly. Finir pour marchandisse,
Ou pien pour temanter à la Palais choustice ?
La procez, il faut rien ; il couster tant t'archant !
La Procurair larron, l'Afocat pien meschant.

ANDRÈS

Ce n'est pas pour cela.

MASCARILLE

Fous tonc mener sti file
Pour fenir pourmener et recarter la file ?

ANDRÈS

Il n'importe. — Je suis à vous dans un moment.
Je vais faire venir la vieille promptement;
Contremander aussi nostre voiture preste.

MASCARILLE

Li ne porte pas pien ?

ANDRÈS

Elle a mal à la teste.

MASCARILLE

Moi ch'avoir te pon fin et te formache pon.
Entre fous, entre fous dans mon petit maisson.

SCÈNE IV

LÉLIE, ANDRÈS

LÉLIE, *seul*

Quel que soit le transport d'une âme impatiente,
Ma parole m'engage à rester en attente,
A laisser faire un autre et voir, sans rien oser,
Comme de mes destins le Ciel veut disposer.
— Demandiez-vous quelqu'un dedans cette demeure ?

ANDRÈS

C'est un logis garny que j'ay pris tout à l'heure.

LÉLIE

A mon père pourtant la maison appartient,
Et mon Valet, la nuit, pour la garder s'y tient.

ANDRÈS

Je ne sçay ; l'escriteau marque au moins qu'on la loue.
Lisez.

LÉLIE

Certes ; cecy me surprend, je l'advoue.
Qui diantre l'auroit mis ? Et par quel intérest...
Ah ! ma foy, je devine à peu près ce que c'est ;
Cela ne peut venir que de ce que j'augure.

ANDRÈS

Peut-on vous demander quelle est cette advanture ?

LÉLIE

Je voudrois à tout autre en faire un grand secret,
Mais pour vous il n'importe, et vous serez discret.
Sans doute l'escriteau que vous voyez paroître,
Comme je conjecture, au moins ne sçauroit estre
Que quelque invention du Valet que je dy,
Que quelque nœud subtil qu'il doit avoir ourdy
Pour mettre en mon pouvoir certaine Égyptienne
Dont j'ay l'âme piquée et qu'il faut que j'obtienne.
Je l'ay desjà manquée, et mesme plusieurs coups.

ANDRÈS

Vous l'appellez ?

LÉLIE

Célie.

ANDRÈS

Hé, que ne disiez-vous ?
Vous n'aviez qu'à parler ; je vous aurois sans doute
Espargné tous les soins que ce projet vous couste.

LÉLIE

Quoi ! Vous la connoissez ?

ANDRÈS

C'est moy qui maintenant
Viens de la racheter.

LÉLIE

O discours surprenant !

ANDRÈS

Sa santé de partir ne nous pouvant permettre,
Au logis que voilà je venois de la mettre,
Et je suis très ravy, dans cette occasion,
Que vous m'ayez instruit de vostre intention.

LÉLIE

Quoy ! J'obtiendrois de vous le bonheur que j'espère ?
Vous pourriez...

ANDRÈS

Tout à l'heure on va vous satisfaire.

LÉLIE

Que pourray-je vous dire, et quel remercîment.....

ANDRÈS

Non, ne m'en faites point; je n'en veux nullement.

SCÈNE V

MASCARILLE, LÉLIE, ANDRÈS

MASCARILLE

Hé bien, ne voilà pas mon enragé de Maistre!
Il nous va faire encor quelque nouveau bissestre.

LÉLIE

Sous ce grotesque habit qui l'auroit reconnu!
Approche, Mascarille, et sois le bienvenu.

MASCARILLE

Moy souis ein chant t'honneur; moy non point Maquerille;
Chay poin: fentre chamais le fame ny le fille.

LÉLIE

Le plaisant baragoüin! Il est bon, sur ma foy!

MASCARILLE

Alle fous pourmener, sans toy rire te moy.

LÉLIE

Va, va, lève le masque, et reconnoy ton Maistre.

MASCARILLE

Par Tieu, Tiable, mon foy, chamais toy chay connoistre.

LÉLIE

Tout est accommodé ; ne te déguise point.

MASCARILLE

Si toy point t'en aller, chay paille ein coup te point.

LÉLIE

Ton jargon Allemand est superflu, te dis-je,
Car nous sommes d'accord, et sa bonté m'oblige.
J'ay tout ce que mes vœux luy pouvoient demander,
Et tu n'as pas sujet de rien apréhender.

MASCARILLE

Si vous estes d'accord par un bonheur extrême,
Je me dessuisse donc, et redeviens moy-mesme.

ANDRÈS

Ce Valet vous servoit avec beaucoup de feu,
Mais je reviens à vous ; demeurez quelque peu.

LÉLIE

Hé bien, que diras-tu ?

I.   19

MASCARILLE

Que j'ay l'âme ravie
De voir d'un beau succez nostre peine suivie.

LÉLIE

Tu faignois à sortir de ton déguisement,
Et ne pouvois me croire en cet événement ?

MASCARILLE

Comme je vous connois, j'estois dans l'épouvante,
Et treuve l'avanture aussi fort surprenante.

LÉLIE

Mais confesse qu'enfin c'est avoir fait beaucoup.
Au moins j'ay réparé mes fautes à ce coup,
Et j'auray cet honneur d'avoir finy l'ouvrage.

MASCARILLE

Soit ; vous aurez esté bien plus heureux que sage.

SCÈNE VI

CÉLIE, MASCARILLE, LÉLIE, ANDRÈS

ANDRÈS

N'est-ce pas là l'objet dont vous m'avez parlé ?

LÉLIE

Ah, quel bonheur au mien pourroit estre égalé !

ANDRÈS

Il est vray, d'un bien-fait je vous suis redevable.
Si je ne l'avouois, je serois condamnable,
Mais enfin ce bien-fait auroit trop de rigueur
S'il falloit le payer aux dépens de mon cœur.
Jugez donc le transport où sa beauté me jette,
Si je dois à ce prix vous acquiter ma dette ;
Vous estes généreux ; vous ne le voudriez pas.
Adieu pour quelques jours. Retournons sur nos pas.

MASCARILLE

Je ris, et toutefois je n'en ay guère envie.
Vous voilà bien d'accord. Il vous donne Célie,
Et... Vous m'entendez bien.

LÉLIE

                            C'est trop. Je ne veux plus
Te demander pour moy de secours superflus.
Je suis un chien, un traistre, un bourreau détestable,
Indigne d'aucun soin, de rien faire incapable.
Va, cesse tes efforts pour un malencontreux,
Qui ne sçauroit souffrir que l'on le rende heureux.
Après tant de malheurs, après mon imprudence,
Le trespas me doit seul prester son assistance.

MASCARILLE

Voilà le vray moyen d'achever son destin.
Il ne lui manque plus que de mourir enfin

Pour le couronnement de toutes ses sottises.
Mais en vain son dépit pour ses fautes commises
Luy fait licencier mes soins et mon appuy,
Je veux, quoy qu'il en soit, le servir malgré luy,
Et dessus son Lutin obtenir la victoire.
Plus l'obstacle est puissant, plus on reçoit de gloire,
Et les difficultés dont on est combattu
Sont les Dames d'atour qui parent la Vertu.

SCÈNE VII

MASCARILLE, CÉLIE

CÉLIE

Quoy que tu vueilles dire et que l'on se propose,
De ce retardement j'attens fort peu de chose.
Ce qu'on voit de succez peut bien persuader
Qu'ils ne sont pas encor fort près de s'accorder,
Et je t'ay desjà dit qu'un cœur comme le nostre
Ne voudroit pas pour l'un faire injustice à l'autre,
Et que très-fortement, par de différents nœuds,
Je me trouve attachée au party de tous deux.
Si Lélie a pour luy l'Amour et sa puissance,
Andrès pour son partage a la reconnoissance,
Qui ne souffrira point que mes pensers secrets

Consultent jamais rien contre ses intérests.
Ouy, s'il ne peut avoir plus de place en mon âme,
Si le don de mon cœur ne couronne sa flâme,
Au moins dois-je ce prix à ce qu'il fait pour moy
De n'en choisir point d'autre au mépris de sa foy,
Et de faire à mes vœux autant de violence
Que j'en fais aux desirs qu'il met en évidence.
Sus ces difficultez, qu'oppose mon devoir,
Juge ce que tu peux te permettre d'espoir.

MASCARILLE

Ce sont, à dire vray, de très-facheux obstacles,
Et je ne sçay point l'art de faire des miracles ;
Mais je veux employer mes efforts plus puissants,
Remuer Terre et Ciel, m'y prendre de tous sens
Pour tascher de trouver un biais salutaire,
Et vous diray bien tost ce qui se pourra faire.

SCÈNE VIII

CÉLIE, HYPOLITE

HYPOLITE

Depuis vostre séjour, les Dames de ces lieux
Se plaignent justement des larcins de vos yeux,
Si vous leur dérobez leurs conquestes plus belles

Et de tous leurs amants faites des infidelles.
Il n'est guère de cœurs qui puissent échapper
Aux traits dont à l'abord vous sçavez les frapper,
Et mille libertez, à vos chaînes offertes,
Semblent vous enrichir chaque jour de nos pertes.
Quant à moy, toutefois je ne me plaindrois pas
Du pouvoir absolu de vos rares appas
Si, lorsque mes amants sont devenus les vôtres,
Un seul m'eust consolé de la perte des autres.
Mais qu'inhumainement vous me les ostiez tous,
C'est un dur procédé, dont je me plains à vous.

CÉLIE

Voilà d'un air galand faire une raillerie,
Mais épargnez un peu celle qui vous en prie.
Vos yeux, vos propres yeux, se connoissent trop bien
Pour pouvoir de ma part redouter jamais rien ;
Ils sont fort asseurez du pouvoir de leurs charmes,
Et ne prendront jamais de pareilles allarmes.

HYPOLITE

Pourtant en ce discours je n'ay rien avancé
Qui dans tous les esprits ne soit desjà passé,
Et, sans parler du reste, on sçait bien que Célie
A causé des desirs à Léandre et Lélie.

CÉLIE

Je crois qu'estant tombez dans cet aveuglement,

Vous vous consoleriez de leur perte aisément,
Et trouveriez pour vous l'amant peu souhaitable
Qui d'un si mauvais choix se trouveroit capable.

HIPPOLYTE

Au contraire, j'agis d'un air tout différent
Et trouve en vos beautez un mérite si grand,
J'y vois tant de raisons, capables de défendre
L'inconstance de ceux qui s'en laissent surprendre,
Que je ne puis blâmer la nouveauté des feux
Dont envers moy Léandre a parjuré ses vœux,
Et le vay voir tantôt, sans haine et sans colère,
Ramené sous mes loix par le pouvoir d'un père.

SCÈNE IX

MASCARILLE, CÉLIE, HYPOLITE

MASCARILLE

Grande, grande nouvelle, et succez surprenant,
Que ma bouche vous vient annoncer maintenant!

CÉLIE

Qu'est-ce donc ?

MASCARILLE

Escoutez. Voicy, sans flatterie...

CÉLIE

Quoy ?

MASCARILLE

La fin d'une vraye et pure Comédie.
La vieille Égyptienne, à l'heure mesme...

CÉLIE

Et bien ?

MASCARILLE

Passoit dedans la Place et ne songeoit à rien,
Alors qu'une autre vieille, assez défigurée,
L'ayant de près au nez long-temps considérée,
Par un bruit enroué de mots injurieux
A donné le signal d'un combat furieux,
Qui pour armes, pourtant, mousquets, dagues ou flèches,
Ne faisoit voir en l'air que quatre griffes sèches,
Dont ces deux combattans s'efforçoient d'arracher
Ce peu que sur leurs os les ans laissent de chair.
On n'entend que ces mots : « Chienne, Louve, Bagace ».
D'abord leurs scoffions ont volé par la Place,
Et, laissant voir à nud deux testes sans cheveux,
Ont rendu le combat risiblement affreux.
Andrès et Trufaldin, à l'éclat du murmure,
Ainsi que force monde, accourus d'advanture,
Ont, à les décharpir, eu de la peine assez,
Tant leurs esprits estoient par la fureur poussez.

Ce pendant que chacune, après cette tempeste,
Songe à cacher aux yeux la honte de sa teste,
Et que l'on veut sçavoir qui causoit cette humeur,
Celle, qui la première avoit fait la rumeur,
Malgré la passion dont elle estoit émeue
Ayant sur Trufaldin tenu long-temps la veue :
« C'est vous, si quelque erreur n'abuse icy mes yeux,
Qu'on m'a dit qui viviez inconnu dans ces lieux »,
A-t-elle dit tout haut. « O rencontre opportune !
Ouy, Seigneur Zanobio Ruberti, la Fortune
Me fait vous reconnoistre, et dans le même instant
Que pour votre intérest je me tourmentois tant.
Lors que Naples vous vit quitter vostre famille,
J'avois, vous le sçavez, en mes mains vostre fille,
Dont j'élevois l'enfance et qui, par mille traits,
Faisoit voir dès quatre ans sa grâce et ses attraits,
Celle que vous voyez, cette infâme sorcière,
Dedans nostre maison se rendant familière,
Me vola ce thrésor. Hélas, de ce malheur
Vostre Femme, je croy, conçeut tant de douleur
Que cela servit fort pour avancer sa vie,
Si bien qu'entre mes mains cette fille ravie
Me faisant redouter un reproche fâcheux,
Je vous fis annoncer la mort de toutes deux ;
Mais il faut maintenant, puisque je l'ay connue,
Qu'elle fasse sçavoir ce qu'elle est devenue ».

I.   20

Au nom de Zanobio Ruberty, que sa voix
Pendant tout ce récit répétoit plusieurs fois,
Andrès, ayant changé quelque temps de visage,
A Trufaldin surpris a tenu ce langage :
« Quoy donc ! Le Ciel me fait trouver heureusement
Celuy que jusqu'icy j'ay cherché vainement
Et que j'avois pu voir sans pourtant reconnoistre
La source de mon sang et l'autheur de mon estre !
Ouy, mon père, je suis Horace vostre fils.
D'Albert, qui me gardoit, les jours étant finis,
Me sentant naistre au cœur d'autres inquiétudes,
Je sortis de Bologne et, quittant mes estudes,
Portay durant six ans mes pas en divers lieux,
Selon que me poussoit un desir curieux.
Pourtant, après ce temps, une secrette envie
Me pressa de revoir les miens et ma patrie,
Mais dans Naples, hélas ! je ne vous trouvay plus
Et n'y sçeus vostre sort que par des bruits confus,
Si bien qu'à votre queste ayant perdu mes peines,
Venise pour un temps borna mes courses vaines,
Et j'ay vescu depuis sans que de ma Maison
J'eusse d'autres clartés que d'en sçavoir le nom ».
Je vous laisse à juger si, pendant ces affaires,
Trufaldin ressentoit des transports ordinaires.
Enfin, pour retrancher ce que plus à loisir
Vous aurez le moyen de vous faire éclaircir,

Par la confession de vostre Égyptienne
Trufaldin maintenant vous reconnoist pour sienne ;
Andrès est vostre frère et, comme de sa sœur
Il ne peut plus songer à se voir possesseur,
Une obligation qu'il prétend reconnoistre
A fait qu'il vous obtient pour épouse à mon Maistre,
Dont le père, témoin de tout l'événement,
Donne à cette himénée un plein consentement
Et, pour mettre une joye entière en sa famille,
Pour le nouvel Horace a proposé sa fille.
Voyez que d'incidens à la fois enfantez !

CÉLIE

Je demeure immobile à tant de nouveautez.

MASCARILLE

Tous viennent sur mes pas, hors les deux championnes,
Qui du combat encor remettent leurs personnes ;
Léandre est de la troupe, et vostre père aussi.
Moy, je vais advertir mon Maistre de cecy
Et que, lors qu'à ses vœux on croit le plus d'obstacle,
Le Ciel en sa faveur produit comme un miracle.

HYPOLITE

Un tel ravissement rend mes esprits confus
Que pour mon propre sort je n'en aurois pas plus,
Mais les voicy venir.

SCÈNE X

TRUFALDIN, ANSELME, PANDOLFE, ANDRÈS
CÉLIE, HYPOLITE

TRUFALDIN

Ah, ma fille !

CÉLIE

Ah, mon père !

TRUFALDIN

Sçais-tu desjà comment le Ciel nous est prospère ?

CÉLIE

Je viens d'entendre icy ce succez merveilleux.

HYPOLITE *à Léandre :*

En vain vous parleriez pour excuser vos feux,
Si j'ay devant les yeux ce que vous pouvez dire.

LÉANDRE

Un généreux pardon est ce que je desire,
Mais j'atteste les Cieux qu'en ce retour soudain
Mon père fait bien moins que mon propre dessein.

ANDRÈS *à Célie :*

Qui l'auroit jamais crû que cette ardeur si pure
Peust estre condamnée un jour par la Nature !
Toutefois tant d'honneur la sçeut toujours régir
Qu'en y changeant fort peu je puis la retenir.

CÉLIE

Pour moy, je me blasmois et croyois faire faute
Quand je n'avois pour vous qu'une estime très-haute.
Je ne pouvois sçavoir quel obstacle puissant
M'arrestoit sur un pas si doux et si glissant,
Et destournoit mon cœur de l'adveu d'une flâme
Que mes sens s'efforçoient d'introduire en mon âme.

TRUFALDIN

Mais, en te recouvrant, que diras-tu de moy
Si je songe aussitôt à me priver de toy
Et t'engage à son fils sous les loix d'himénée ?

CÉLIE

Que de vous maintenant dépend ma destinée.

SCÈNE XI

TRUFALDIN, MASCARILLE, LÉLIE, ANSELME
PANDOLFE, CÉLIE, ANDRÈS , HYPOLITE, LÉANDRE

MASCARILLE

Voyons si vostre Diable aura bien le pouvoir
De détruire à ce coup un si solide espoir
Et si, contre l'excez du bien qui vous arrive,
Vous armerez encor vostre imaginative ?
Par un coup impréveu des Destins les plus doux
Vos vœux sont couronnez, et Célie est à vous.

LÉLIE

Croiray-je que du Ciel la puissance absolue...

TRUFALDIN

Ouy, mon gendre, il est vray ;

PANDOLFE

La chose est résolue ;

ANDRÈS

Je m'acquitte par là de ce que je vous dois.

LÉLIE *à Mascarille*

Il faut que je t'embrasse et mille et mille fois
Dans cette joye...

MASCARILLE

Ahi ! ahi ! Doucement, je vous prie.
Il m'a presque estouffé. Je crains fort pour Célie
Si vous la caressez avec tant de transport ;
De vos embrassemens on se passeroit fort.

TRUFALDIN *à Lélie :*

Vous sçavez le bonheur que le Ciel me renvoye,
Mais, puisqu'un mesme jour nous met tous dans la joye,
Ne nous séparons point qu'il ne soit terminé,
Et que son père aussi nous soit viste amené.

MASCARILLE

Vous voilà tous pourvus. N'est-il point quelque fille
Qui pust accommoder le pauvre Mascarille ?

A voir chacun se joindre à sa chacune icy,
J'ay des démangeaisons de mariage aussi.

ANSELME

J'ay ton fait.

MASCARILLE

      Allons donc, et que les Cieux prospères
Nous donnent des enfans, dont nous soyons les pères.

Extrait du Privilège du Roy.

———————

Par Grâce et Privilège du Roy, donné à Paris le dernier jour de May 1660, signé LE JUGE, *il est permis au Sieur* MOLIER *de faire imprimer une Pièce de Théâtre par luy composée, intitulée* L'Estourdy, ou les Contre-temps, *pendant l'espace de cinq années, à commencer du jour que le dit livre sera achevé d'imprimer, et deffences sont faites à tous autres de l'imprimer, ainsi qu'il est porté plus amplement par ledit Privilège.*

Et ledit Sieur MOLIER a cédé et transporté son droict de Privilége à CLAUDE BARBIN et GABRIEL QUINET, Marchands Libraires à Paris, pour en jouir le temps porté par iceluy.

Achevé d'imprimer, pour la première fois, le vingt et un Novembre 1662.

Registré sur le Livre de la Communauté.....

Octobre 1662.

Signé : DUBRAY, Syndic.

Les exemplaires ont esté fournis.

EXPLICATION DES PLANCHES

FRONTISPICE. — Un cartouche avec le nom de Molière et les deux dates 1622 et 1673, années de sa naissance et de sa mort; dans le haut, deux Renommées montrent la couronne de laurier attachée au fronton du cartouche. En bas, Molière, le chapeau à la main, s'adresse à son public et lui présente les Acteurs de son Théâtre; à gauche, ses deux Muses: la Comédie, tenant un miroir et un masque, et la Satyre, à pieds de chèvre et tenant un fouet. Dans le fond, la vue de Paris, le Pont-Neuf avec la statue équestre de Henri IV, et à droite, en avant du Louvre, le Petit-Bourbon, où la Troupe de Molière a joué du 3 novembre 1658 au 11 octobre 1660.

ILLUSTRATION DE L'ESTOURDY

FLEURON DU FAUX-TITRE. — Un enfant, habillé en Lélie, montre la bourse d'Anselme.

EN-TÊTE DE LA NOTICE. — Masque comique.

— Lettre L. Les armes de Molière, de sinople à trois miroirs de vérité embordurés d'or, posés deux et un.

— Cul de lampe de la NOTICE. — Masque comique, couronné de laurier.

LA GRANDE COMPOSITION représente la scène II du premier Acte. Célie sur la porte de la maison de Trufaldin; à gauche, Mascarille et Lélie : *O bonheur, la voilà qui paroist à propos* (vers 110).

CADRE DU TITRE. — En haut, petite vue du Rhône et du Faubourg d'Ainay à Lyon. Dans les montants : les armes de Lyon, de gueules au lion d'argent au chef cousu de France, et les armes de Paris, de gueules au navire antique d'argent, voguant sur des ondes de même, au chef semé de France. Les dates 1653 et 1658 se rapportent aux représentations de *l'Estourdy* à Lyon et à Paris. Au dessous, les portraits de Léandre et d'Hippolyte en costumes contemporains. Plus bas, Célie et Lélie, déguisé en Arménien ; au dessous, la bourse d'Anselme, accompagnée en sautoir de l'épée de Lélie et du bâton de Trufaldin. Tout en bas, les petits Masques, en forme de Termes, se rapportent à la Mascarade de la fin du troisième Acte. Au centre, l'armoirie de Molière, qui se retrouvera à toutes les Pièces, mais avec un ornement toujours différent.

ÉPITRE DÉDICATOIRE. — En-tête. Vue de l'Hôtel de Ville de Lyon, bâti par Simon Maupin de 1646 à 1655.

— Lettre A. Le Libraire offrant à Monsieur de Riants un exemplaire de *l'Estourdy*.

— Fleuron. Les armoiries de Monsieur de Riants, écartelé aux 1 et 4 de gueules à trois bandes d'argent, accompagnées de cinq merlettes de gueules, aux 2 et 3 d'argent à six annelets de sable, posés trois, deux et un, et, sur le tout, d'azur semé de trèfles d'or, à deux bars de même, adossés et brochant sur l'écu.

CADRE DES PERSONNAGES. — Au milieu des montants, les instruments des Musiciens de la Mascarade de la fin du troisième Acte. En bas, dans un cartouche, une vue du port et du quai de la ville de Messine, où se passe la scène.

Acte I. — L'en-tête, supporté en caryatide par Mascarille dans son costume ordinaire et par Mascarille déguisé en Suisse, est couronné par les armoiries de Lyon.

— Lettre H. Mascarille salue Trufaldin (Sc. IV, v. 132) : *Monsieur, je suis tout vostre.* Au fond, Célie et Lélie.

— Cul de lampe. Hippolyte disant à Mascarille : *Mais que ces deux Loüis guérissent tes blessures* (Sc. VIII, v. 416).

Acte II. — En-tête. Anselme effrayé à la vue de Pandolfe : *Las, ne m'approchez pas de plus près, je vous prie.* (Sc. IV, v. 573).

— Lettre A. Lélie disant à Mascarille : *Je m'en vais me tuer* (Sc. VI, v. 692).

— Cul de lampe. Le buste de Mascarille, couronné de laurier : *Vivat Mascarillus Fourbûm, Imperator.* (Sc. VIII, v. 794).

Acte III. — En-tête. Lélie disant à Trufaldin à sa fenêtre : *Fermez soigneusement vostre porte ce soir.* (Sc. VIII, v. 1210).

— Lettre T. Léandre, Mascarille et Lélie, disant à son Valet, en le menaçant de le tuer : *Ah, je vous feray bien parler d'une autre sorte.* (Sc. IV, v. 1051).

— Cul de lampe. Lélie vient de soulever le loup de Mascarille, déguisé en femme : *Mascarille, est-ce toy ?* (Sc. VIII, v. 1226).

Acte IV. — En-tête. Trufaldin et Mascarille battant Lélie : *Tirez, tirez, vous dis-je, ou bien je vous assomme.* (Sc. VI, v. 1588).

— Lettre V. Lélie, déguisé en Arménien, et Mascarille, lui disant : *Vous voilà fagoté d'une plaisante sorte.* (Sc. I, v. 1255).

— Cul de lampe. Mascarille, à la fenêtre de Trufaldin, disant à Lélie : *Peut-on vous demander comme va vostre dos ?* (Sc. VI, v. 1593).

Acte V. — En-tête. Mascarille en Suisse et tenant une clef. Au fond Lélie et Andrès : *Cette maison meublée est en ma bien-séance* (Sc. i, v. 1703).

—Lettre A. Lélie, Andrès et Mascarille, leur ouvrant obséquieusement la porte de la maison de Lélie : *Entre, fous, tans mon petit maisson* (Sc. iv, v. 1770).

— Cul de lampe. Lélie disant à Mascarille : *Il faut que je t'embrasse, et mille et mille fois.* (Sc. xi, v. 2054). Les deux petits Amours, assis sur les rinceaux de l'encadrement, symbolisent Lélie et Mascarille.

Fleuron final. Les lettres initiales du nom de l'artiste, accompagnées de la Muse de la Comédie et de deux petits génies, qui pleurent la perte de Molière.

FIN DE LA TABLE DES ILLUSTRATIONS

Achevé d'imprimer a Évreux
Par Charles Hérissey
Le quinze Janvier Mil huit cent quatre-vingt-trois
Jour anniversaire de la naissance de Molière

Pour le compte de Jules Lemonnyer
Éditeur a Paris

A
MOLIERE

1622   1673

www.ingramcontent.com/pod-product-compliance
Lightning Source LLC
Chambersburg PA
CBHW070413090426
42733CB00009B/1650